Fengler · Feedback geben

Konzept und Beratung der Reihe Beltz Weiterbildung:

Prof. Dr. *Karlheinz A. Geißler*, Schlechinger Weg 13, D-81669 München.
Prof. Dr. *Bernd Weidenmann*, Weidmoosweg 5, D-83626 Valley.

Inhaltsverzeichnis

Ursprung und Entwicklung des Feedback-Konzepts

Strategien des Feedback-Austauschs

Ausklang

Vorwort

Das Feedback, die Rückmeldung über zwischenmenschliche Vorgänge, begegnete mir zum ersten Mal im eigenen Studium. Ein Dozent versuchte, es in einem Seminar anhand eines Beispiels zu erläutern. Er sagte: »Die Gruppe sagt zum Beispiel einem ihrer Mitglieder: ›Du sprichst immer mit so salbungsvoller Stimme‹ – das ist Feedback!« Nun schilderte er diese Episode mit ziemlich salbungsvoller Stimme – da wurde mir klar, dass dieses Feedback ihm wohl selbst einmal gegeben worden war.

Im Laufe der weiteren Darstellung werden wir sehen, dass Feedback wesentlich umfassender begriffen werden muss, als die Definition des damaligen Kollegen es vermuten lässt. Aber *dass* es Menschen berührt und bewegt, habe ich schon damals gespürt. Es hat mich seitdem in meiner weiteren wissenschaftlichen und praktischen Arbeit begleitet, und es ist für mich besonders mit einigen Personen verbunden. Dazu gehören Alf Däumling, Lothar und Mechthild Nellessen, Axel Svensson sowie Helga Jürgensen, Günther Kretzer, Carl Merkel, Reinhard Mühlen und Elmar Struck, mit denen gemeinsam ich meine ersten Schritte auf diesem Gebiet getan habe, sowie die vielen Kolleginnen und Kollegen aus Gruppendynamik und Therapie, denen ich im Laufe der weiteren Arbeit begegnet bin.

George Bach hat mir gezeigt, dass es immer wieder lohnt, einen Gesprächsfaden anzuknüpfen, auch wenn alle Erfahrungen gegen einen solchen Versuch zu sprechen scheinen. Friedemann Schulz von Thun habe ich als Freund und als Fachmann für die Feinstruktur der Kommunikation zu schätzen gelernt. Jens Hager und Karin van der Laan haben im Gespräch stets darauf gepocht, daß das Feedback nicht allein ein Instrument ist, sondern die Entscheidung für eine respektvolle Form der Beziehungsgestaltung.

Karlheinz A. Geißler als Herausgeber der Buchreihe hat mich angeregt, das Thema systematisch zu behandeln. Frau Ingeborg Strobel vom Beltz Verlag hat mich fachkundig beraten.

Alf Däumling und Hannsi Padberg haben aus eigener langjähriger Praxis heraus das ganze Manuskript gelesen und an vielen Stellen mit ergänzenden Gesichtspunkten angereichert. Mit Hans-Dieter Bücher, Jürgen Christen, Hella Gephart, Helga Hofmann, Ingeborg Luif, Ursula Margreiter, Monika Stützle-Hebel und Friedrich-Wilhelm Wilker habe ich in den letzten Jahren besonders eng zusammengearbeitet. Allen diesen Kolleginnen und Kollegen gilt mein Dank.

In der Arbeit mit Klientinnen und Klienten ist mir sichtbar geworden, dass Feedback auch im therapeutischen Gespräch von Nutzen ist. Seminare und Gespräche mit Führungskräften und Mitarbeitern aus Wirtschaft, Dienstleistung und Verwaltung haben mich gelehrt, mich alltagssprachlich, anschaulich und verständlich auszudrücken; sie waren für Feedback meist sehr aufgeschlossen, wenn es in einer Art formuliert war, die ihrer Erfahrungswelt nahe kam.

Meine Frau Dong Sun ist meine liebevolle Lebensbegleiterin und Muse. Unsere Kinder Martin, Janne, Filia und Fiona regen mein Nachdenken in je eigener Weise an. Auch ihnen danke ich von Herzen.

Bonn und Köln, März 1998   *Jörg Fengler*

Einleitung

Dieses Buch handelt von den Möglichkeiten, sich in Begegnung, Arbeit und Gespräch eine Rückmeldung zu geben. Daran mangelt es offenbar oft in unserem Zusammenleben: Wir nehmen an, wir wüssten, was der andere denkt, fühlt und wünscht. Das Gegenüber weiß nicht genau, wie wir es einschätzen und was wir von ihm halten. Vor »Blinden Flecken« ist keiner von uns gefeit. Das Gespräch verfängt sich in Fallstricken. Teams geraten in Sackgassen, aus denen sie mit eigenen Mitteln nicht mehr herausfinden. In allen diesen Fällen ist das Feedback, also die Rückmeldung von Beobachtungen, die Auskunft über das eigene Mitschwingen, der Versuch einer gemeinsamen Realitätsdefinition und der konstruktive Verhaltensvorschlag eine Hilfe. Das Feedback-Geben umfasst eine große Spannbreite von Interventionen.

Das Buch wendet sich an Trainerinnen und Trainer, Beraterinnen und Berater, Seminarleiterinnen und Seminarleiter, Erwachsenenbildner, Coaches, Moderatorinnen und Moderatoren, Supervisoren und Führungskräfte sowie auch an Psychotherapeutinnen und Psychotherapeuten. Nicht nur im alltäglichen und im üblichen professionellen Umgang, sondern auch in der Lebenskrise verhilft Feedback oft zu einem überraschenden, klärenden, ermutigenden Perspektivenwechsel und zu einem neuen Handlungsimpuls. Alle diese Berufsgruppen geben Feedback und nehmen es an. Sie vermitteln aber auch Fertigkeiten im Feedback-Formulieren und im Feedback-Empfangen an andere Menschen, sei es durch ihr eigenes modellhaftes Verhalten oder in Form von Seminaren. Beide Aspekte finden in diesem Buch Berücksichtigung.

Im Text werde ich wahlweise von Seminarteilnehmern, Guppenmitgliedern, Supervisanden oder Klienten sprechen, je nachdem, aus welchem Bereich ein Beispiel stammt. Wenn ich alle diese Gesprächspartnerinnen und Gesprächspartner ansprechen will, werde ich dies durch variable Formulierungen wie Sender, Empfänger, Gesprächspartner, Gegenüber, Adressat oder auf ähnliche Weise kenntlich machen.

Übrigens verwende ich überwiegend die männliche Form. Selbstverständlich sind damit auch alle Frauen angesprochen.

Das Feedback unterscheidet sich von anderen Formen des psychologischen Intervenierens in grundlegender Weise. Es verzichtet darauf, beim Gesprächspartner ein latentes Motiv zu vermuten, das *wir* ihm erhellen, sondern teilt mit, wie sein Verhalten auf uns wirkt. Das Feedback verbalisiert nicht Gefühle, sondern macht sichtbar, wie unsere innere Resonanz auf die gespürten Gefühle des anderen ausfällt. Es exploriert nicht Verhalten/Optionen des anderen, sondern schlägt etwas vor, was unserer gegenwärtigen Begegnung dienlich zu sein vermag. Beide Gesprächsteilnehmer sind gleichrangig. Keiner von beiden nimmt für sich in Anspruch, dem anderen gegenüber einen Expertenvorsprung zu haben. Ihr Verhältnis zueinander ist nicht das von Fachmann und Laie, sondern von Partner zu Partner.

Ursprung und Entwicklung des Feedback-Konzepts

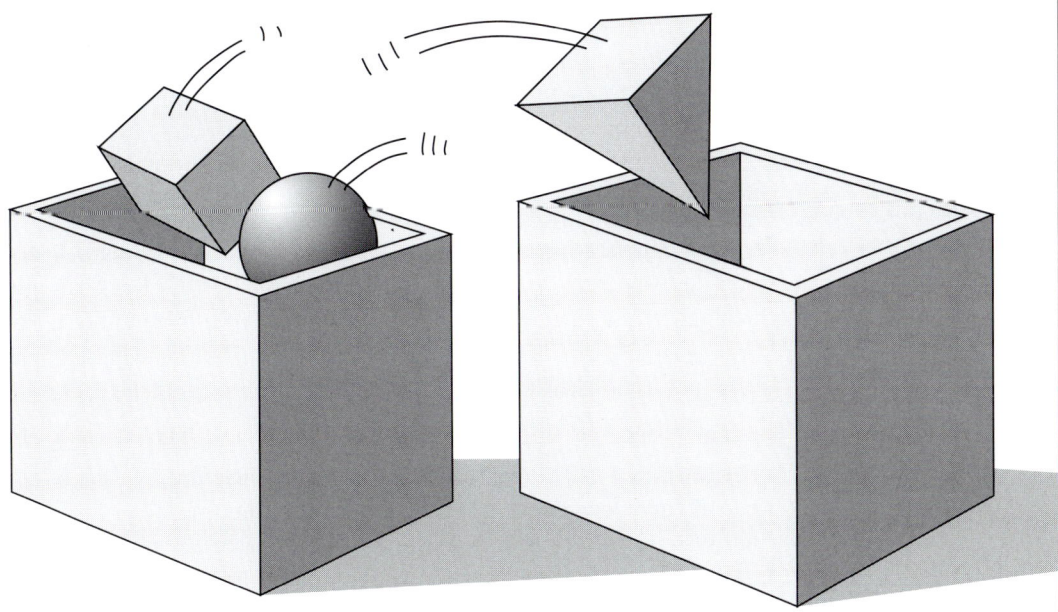

In diesem Kapitel beschreibe ich, wie das Feedback-Konzept entstand und unter welchen besonderen Umständen es Eingang in die Sozialwissenschaften fand. Ich werde zeigen, welche Rolle es in den helfenden Berufen spielt, worin seine Wirkung besteht und unter welchen Bedingungen es Erfolg hat.

Feedback in Natur und Technik

Der Begriff Feedback stammt aus der Kybernetik, der Lehre von den Regelungsprozessen. Er bezeichnet ursprünglich die Rückmeldung, Rückkoppelung oder eben »Rückfütterung« von Informationen. Im Alltag wird Feedback oft synonym mit kybernetisch, rückgekoppelt, aber auch vernetzt, systemisch, systematisch, interdependent und Ähnlichem benutzt – das ist oft weder vorteilhaft noch korrekt.

Schauen wir uns den Vorgang des Feedbacks zunächst in der Maschine an. Eine Subeinheit A gibt einer Subeinheit B eine Anweisung, zum Beispiel das Antreiben eines Rades, die Erzeugung von Wärme oder Kälte, die Herstellung von Kopien oder das Ausfräsen eines Werkstücks. B teilt A fortlaufend mit, was sie tut. Dies ist das eigentliche Feedback, eben die *Rück*meldung.

Demgegenüber könnte man das, was A tut, als *Feed-Forward* bezeichnen, denn das Verhalten von A erscheint ursächlich für die Reaktion von B. Jedoch hat sich der Begriff Feed-Forward vorerst nicht eingebürgert. Der ganze Vorgang ist zirkulär. Denn A *re*agiert ja wiederum auf Bs bisherigen Stillstand und muss, um ihre Absicht zu erreichen, auf sie *re*agieren. Insofern ist auch Bs Verhalten kausal für As Verhalten.

In Organismen existieren zahlreiche derartige Regelkreise, die – meist ohne Eingriffe des Bewusstseins – Nahrungsaufnahme und Ausscheidung, Schlaf und Wachen, Ruhe und Bewegung, Durchlässigkeit und Abgrenzung in feinster Weise mit der Umgebung abstimmen und regulieren. So hat man in den 30er-Jahren unseres Jahrhunderts nicht ohne Grund von der »Weisheit des Organismus« gesprochen (Cannon 1932; Fengler 1980).

Auf zwischenmenschliche Verhältnisse lässt sich dieses Verständnis von Feedback nur ansatzweise übertragen. Ist- und Sollwerte unterliegen hier nicht einer objektivierbaren Festlegung, sondern variieren individuell und situativ. Sie entstehen in Abhängigkeit davon, welche Personen einander in welchem momentanen Kontext begegnen, welche Eindrücke sie voneinander gewinnen, welche Wünsche sie aneinander haben und welchen Teil dieser vielfältigen Informationen sie sich gegenseitig mitteilen.

Rückmeldungen erfolgen nicht linear und nicht nur in einem Bereich, sondern simultan auf vielen Ebenen. Welche Wirkung das Feedback bei seinem Empfänger hervorruft, ist ungewiss.

Dennoch hat sich in Sozialwissenschaft und Alltagsleben der Feedback-Begriff fest etabliert (zum Beispiel Feedback an Mitarbeiter, Feedback an Fernsehanstalten, Bio-Feedback usw.), allerdings mit vielfältigen Bedeutungsnuancen. Als gemeinsame Bedeutung halten wir zunächst den Vorgang der Rückbindung zwischen zwei oder mehreren Personen oder anderen Systemen bzw. Subsystemen sowie die Kreisförmigkeit des Prozesses fest.

Feedback: Vorgang der Rückbindung zwischen zwei oder mehreren Personen

In Zusammenleben und Zusammenarbeit hat sich gezeigt: Die gegenseitige Rückmeldung von Eindrücken, die Menschen voneinander haben und sich wechselseitig mitteilen, eben das Geben und Annehmen von Feedback, hilft bei der Klärung und Verbesserung der zwischenmenschlichen Beziehungen. Davon handelt die weitere Darstellung.

Feedback in Arbeitsbeziehungen

Blicken wir zunächst einmal zurück zu der Schlüsselsituation von 1946, in der einige Forscher und Praktiker um den Sozialpsychologen Kurt Lewin in Amerika nahezu ungeplant und zu ihrer eigenen Überraschung auf das Feedback-Prinzip stießen. Es handelte sich um ein Seminar, in dem Lehrer, Sozialarbeiter und Geschäftsleute lernen sollten, in ihrem Umfeld die Anwendung eines neuen Gesetzes über die gerechte Behandlung von Arbeitssuchenden durchzusetzen.

»Zu einem frühen Zeitpunkt im Seminar setzte Kurt Lewin für den Abend Versammlungen des Trainingsstabs und der Forschungsbeobachter an, um ihre Prozessbeobachtungen in den Gruppen zusammenzufassen und auf Tonband aufzunehmen. Auch das beobachtete Verhalten des Leiters, der Mitglieder und der Gruppe sollte analysiert, interpretiert und aufgenommen werden. Nach wenigen Abenden schon kamen alle Teilnehmer zu den Sitzungen, die außerhalb wohnenden ebenso wie die auf dem Campus untergebrachten. Viele Sitzungen dauerten nicht weniger als drei Stunden. Die Teilnehmer sagten, dass sie daraus wichtige Einsichten in ihr eigenes Verhalten und in das ihrer Gruppe gewännen. Dem Trainingsstab schien es, als sei man unversehens auf ein möglicherweise machtvolles Medium und Verfahren der Umerziehung (re-education) gestoßen. Wenn man die Gruppenmitglieder mehr oder weniger objektiv mit Daten über ihr Verhalten und dessen Folge konfrontierte und wenn sie sich ohne Abwehr am Nachdenken über diese Daten beteiligten, so konnte ihr Lernen über sich selbst, über die Reaktionen anderer auf sie, über Gruppenverhalten und Gruppenentwicklung im Allgemeinen zu höchst bedeutsamen Resultaten führen.« (Benne 1972, S. 72)

Sozialwissen-
schaftliches
Feedback-Konzept

Die Entwicklung des sozialwissenschaftlichen Feedback-Konzepts beginnt also damit, dass einige Forscher und Gruppenleiter sich über das unterhalten, was sie an anderen Personen wahrgenommen haben, und damit, dass diejenigen, von denen sie so sprechen, sich mit ihrem eigenen Verhalten konfrontieren bzw. sich durch andere konfrontieren lassen. Dabei bekennen sich die Gesprächspartner zu ihrer kontrollierten Subjektivität und erheben diese zur Methode. Die Wahrnehmungen der Beobachteten selbst und ihre Reaktionen auf die Mitteilungen der Forscher vervollständigen das Datenmaterial und verleihen ihm seine erhellende Wirkung. Das gemeinsame Gespräch schafft seinerseits neue Wirklichkeiten, die selbst wieder Gegenstand der weiteren Reflexion werden können und Einfluss auf die nächsten Arbeitssitzungen nehmen werden: Der Gedanke des sich selbst fortschreibenden Gruppenprozesses ist geboren.

Wenige Jahre später waren die ersten Gruppendynamischen Laboratorien konzipiert, in denen die Untersuchung des Verhaltens in, von und zwischen Gruppen das wichtigste Thema war. In den 50er-Jahren fanden die ersten derartigen Seminare in Europa statt. Pioniere im deutschsprachigen Raum sind Alf Däumling und Traugott Lindner.

Feedback als Kommunikation

Gruppendynamische Feedback-Konzeption

Im Laufe der folgenden 20 Jahre bildete sich eine gruppendynamische Feedback-Konzeption heraus, die sich von der Ausgangsform deutlich unterschied. Das Feedback kann heute demgemäß als gemeinsame Verständigungsleistung von zwei oder mehr Personen verstanden werden.

Der Sender beobachtet das Verhalten des Empfängers und beschreibt es ihm, verbunden mit der eigenen gefühlsmäßigen Resonanz darauf. Er macht ihm vielleicht einen Vorschlag, sein Verhalten zu korrigieren oder neu einzustellen (Verhaltensbeobachtung und Verhaltensbeschreibung, Gefühlsresonanz und Selbstmitteilung, Handlungsimpuls).

Der Empfänger öffnet sich, um die Mitteilung des Senders aufzunehmen, und verzichtet darauf, sofort zu antworten (Fengler 1975).

Im so genannten »Johari-Fenster«, einem Vier-Felder-Schema von Joe Luft und Harry Ingham (Luft 1970), werden verschiedene Bereiche von Person und Interaktion unterschieden:

❖ Der **Bereich des gemeinsamen Wissens**: Hier kennt der Mensch sich selbst und ist für die anderen transparent.
❖ Der **Bereich der Zurückhaltung**: Manche Aspekte seines Selbst, die der Mensch recht gut kennt, macht er anderen nicht ohne weiteres zugänglich. Durch Selbstmitteilungen wird dieser Bereich aber sichtbar.
❖ Der **Bereich des Blinden Flecks**: Weitere Aspekte der Person werden von anderen Menschen deutlich gesehen, während es dem Menschen selbst an Selbsteinsicht fehlt. Hier ist das Feedback oft eine gute Hilfe.
❖ Der **Bereich des Unbewussten**: Weder der Betreffende selbst noch andere Menschen haben hier einen unmittelbaren Zugang. Jedoch lehrt die Erfahrung, dass Selbstbeschäftigung und Begegnung auch in diesem Bereich vieles in Bewegung bringen.

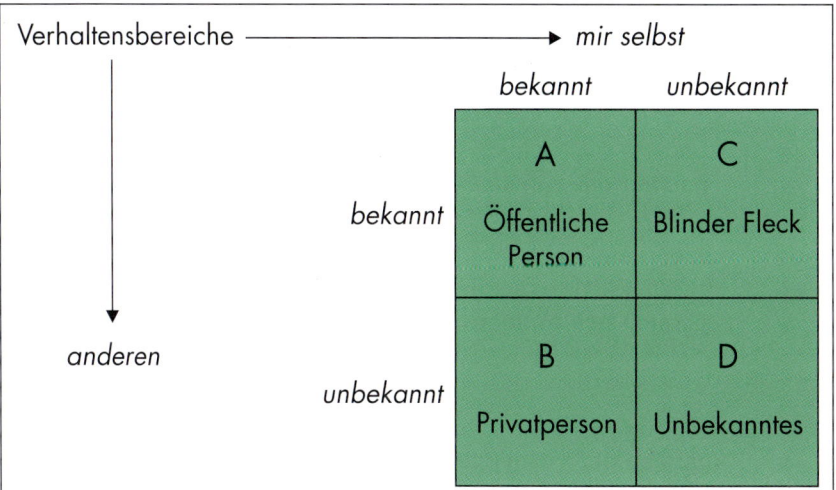

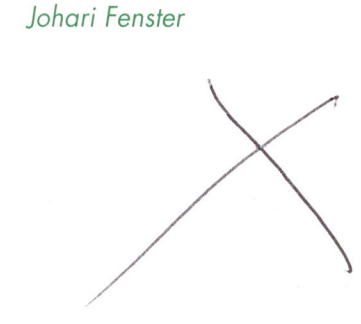

Selbstmitteilung und Feedback stehen in einem Wechselverhältnis. Wer etwas von sich mitteilt, tritt deutlicher hervor und kann ein Feedback erhalten. Wer ein Feedback erhält, wird in der Art, wie er darauf reagiert, etwas über sich mitteilen.

Gemeinsam führen sie dazu, dass der Bereich des wechselseitigen Sich-Verstehens größer wird: Wir kommen einander oft näher, indem wir etwas von uns zeigen, und auch dadurch, dass wir dem Gesprächspartner Hinweise geben.

Besseres
Sich-Verstehen

In den Anfängen der Gruppendynamik wurde diese Erkenntnis manchmal in einem etwas messianischen Ton vorgetragen und praktiziert (»Offenheit um jeden Preis!« – »Feedback in allen Lebenslagen und in allen Lebensgebieten!«). Heute wissen wir, dass auch hier, wie in vielen Bereichen des Zusammenlebens, weniger oft mehr ist. Takt und Behutsamkeit sind gute Begleiter bei dem Bemühen, die richtige Dosierung zu finden.

Bei dem ganzen Vorgang spielt der Begriff des Wirkens bzw. Einwirkens eine besondere Rolle. Wenn der Sender mit der Formulierung: »Ich habe von dir den Eindruck, dass du ...«, oder »du wirkst auf mich folgendermaßen ...«, beginnt, so ist dies durchaus wörtlich zu nehmen. Denn tatsächlich sollen Eindruck und Einwirkung geschildert werden, die der Feedback-Geber erfahren hat. Andererseits soll der Empfänger diese Mitteilung auf sich einwirken lassen und sehen, welche Empfindungen von Scham, Freude, Entrüstung,

Protest und vieles mehr sie in ihm hervorruft. In der Bibel heißt es: »Und Maria bewegte alle diese Worte in ihrem Herzen.« Dies ist gewiss ein angemessener Umgang mit einem sorgfältig formulierten Feedback, das man erhalten hat.

Feedback ist eine gute Übung bei dem Bemühen, eigenes und fremdes Erleben und Verhalten sensibel aufeinander abzustimmen (Däumling u.a. 1974): Man beschreibt, was am anderen auffällt in für ihn annehmbarer Form, kennzeichnet den eigenen Anlass für die Mitteilung, macht ihm Vorschläge, die im Bereich seiner Möglichkeiten liegen, und verdeutlicht, welche Spielräume man selbst in der Beziehungsgestaltung hat. Dies mag sehr wohl dazu beitragen, dass Verständigung und Zusammenleben besser gelingen.

Seine besondere Bedeutung in der Begegnung zwischen Menschen gewinnt das Feedback daraus, dass zwischen den Beteiligten keine distanzierende Rollenbeziehung besteht.

Eine Person schildert ihren Eindruck von der anderen Person, spricht also gleichzeitig vom anderen und von sich selbst, und bekennt sich dabei zu ihrer Subjektivität. Das ist keine leichte Aufgabe. Denn mit dieser persönlich gehaltenen Stellungnahme exponiert sich der Feedback-Geber selbst als Person und macht sich angreifbar.

Jeder Eindruck ist subjektiv, aber nicht falsch

Anfänger auf dem Gebiet der Beziehungsklärungen reagieren auf eine solche Eindrucksschilderung manchmal unwirsch oder antworten: »Dein Eindruck ist falsch!« Aber das geht nicht an. Der Eindruck ist eben nicht falsch, sondern subjektiv und persönlich. Er mag unscharf oder wohl begründet, abstrakt oder lebendig sein: Aber als Eindruck hat er zunächst seine Dignität, der sich der Feedback-Empfänger nicht ohne weiteres entziehen kann. Selbst wenn er sagt: »Damit kann ich nichts anfangen, was du da sagst!«, so muss er es doch jedenfalls in Betracht ziehen, dass gerade hierin sein »Blinder Fleck« besteht. Denn eben: Er findet, wie er selbst sagt, keine Möglichkeit, damit etwas anzufangen; wenn er das Ich in seinem Satz bewusst ausgesprochen hat, so mag er jetzt die Verantwortung für sein Nichtverstehen übernehmen.

Auch ein anderer Einwand gegen das Feedback ist nur begrenzt stichhaltig. Manch einer versucht, ein Feedback loszuwerden, indem er dem Feedback-Geber antwortet: »Das ist wohl dein Problem!« Dies ist einerseits ein Hinweis auf eine gewisse Lieblosigkeit im Umgang der beiden Gesprächspartner, und andererseits ist es nur die Hälfte der Wahrheit. Natürlich gehen in jedes Feedback Prozesse der Wahrnehmungsakzentuierung und Wahrnehmungsselektion ein, und vor dem Projizieren ist niemand gefeit; soweit der Beitrag des Feedback-Gebers. Aber *warum* der Mitteilungsimpuls gerade in der Begegnung mit *dieser* Person aufkam, diesbezüglich mag der Feedback-Empfänger durchaus sich selbst prüfen und nachdenklich werden.

Schulz von Thun hat in seiner Untersuchung zur Kommunikation (1996) vier Seiten der Botschaft unterschieden: Inhalt, Selbstmitteilung, Beziehung und Appell. Betrachten wir Feedback als spezielle Form der Kommunikation, so können wir erwarten, dass die Äußerung des Feedback-Gebers vier Mitteilungen enthält:

Die vier Seiten einer Nachricht

- ❖ sachlich nachprüfbare Beobachtungen,
- ❖ eine Äußerung über den Feedback-Geber selbst,
- ❖ eine Definition der Beziehung zwischen ihm und dem Empfänger und
- ❖ eine Handlungsaufforderung an den Letzteren.

Die konkrete Feedback-Äußerung fällt oft recht knapp aus. Die vier Komponenten werden meist nicht einzeln kenntlich gemacht. In manchen Lebenslagen, zum Beispiel in der Liebe und in Geschäftsverhandlungen, empfiehlt sich situativ sogar ausdrücklich die »Kunst der indirekten Kommunikation«. Aber mit etwas Übung lassen sich alle vier Botschaften in jedem Feedback recht gut erkennen und sichtbar machen.

Das Feedback-Konzept ist gewissermaßen ein Vorgriff auf das systemische Denken, das erst in den 60er-Jahren in den Sozialwissenschaften nachhaltig Fuß gefasst hat.

- ❖ Im Feedback werden nicht Ursachen und Wirkungen untersucht, sondern Wechselwirkungen.
- ❖ Kommunikation wird als zirkulärer Prozess verstanden.
- ❖ Die Molekularisierung der Begegnung wird überwunden; stattdessen wird Kommunikation als sich selbst organisierender und sich selbst fortschreibender Prozess verstanden.
- ❖ Interpersonale Realität wird nicht als Entität definiert, sondern als Prozess verstanden und ausgehandelt.
- ❖ An die Stelle von Rollengefälle und Diagnose treten Gleichrangigkeit und das Bekenntnis zur Aspekthaftigkeit des eigenen Erkennens.

Was ich von mir selbst kundgebe   Worüber ich informiere

Selbstkundgabe   **Sachinhalt**

Was ist das für einer?   Wie ist der Sachverhalt
Was ist mit ihm?   zu verstehen?

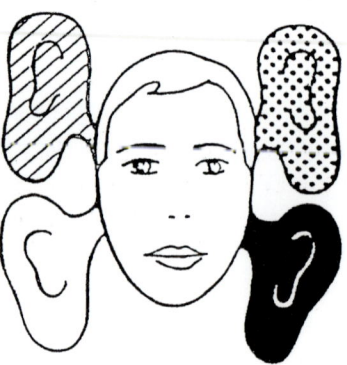

Wie redet der mit mir?   Was soll ich denken, fühlen, tun
Wen glaubt er vor sich zu haben?   auf Grund seiner Mitteilung?

Beziehung   **Appell**

Was ich von Dir halte   Wozu ich Dich
und wie wir zueinander stehen.   veranlassen möchte.

Andererseits unterscheidet es sich im Rollenverständnis unmissverständlich vom systemischen Ansatz. Dort achtet der Helfer streng darauf, nicht Teil des Systems zu werden, auf das er einzuwirken beabsichtigt. Im Feedback-Prozess dagegen nimmt der Feedback-Geber es nicht nur in Kauf, einbezogen zu werden; vielmehr betrachtet er dies geradezu als Charakteristikum seines Verhaltens und als besondere Chance der Begegnung. Er bejaht und praktiziert Gleichrangigkeit zwischen sich und dem Feedback-Empfänger. Gleichzeitig wahrt er aber den Abstand, der in der Position des Helfens und Klärens geboten ist.

13 Funktionen des Feedbacks

1. Feedback steuert Verhalten.
2. Feedback hilft, zielgerichtet zu arbeiten.
3. Positives Feedback ermutigt.
4. Feedback hilft bei der Fehlersuche.
5. Feedback fördert persönliche Lernprozesse.
6. Feedback hebt die Motivation.
7. Feedback hilft bei der Selbsteinschätzung.
8. Feedback ermöglicht, sich hilfreiches Feedback zu beschaffen.
9. Feedback führt zu einem Zuwachs an Einfluss sowohl beim Empfänger wie beim Geber von Rückmeldungen.
10. Feedback bewirkt eine engere Verbindung mit der Aufgabe.
11. Feedback hilft bei der Identifikation mit der Arbeitsumgebung und der Planung der beruflichen Entwicklung.
12. In Verhandlungen hilft Feedback bei der Einschätzung von Angeboten.
13. Feedback hilft, die Qualität von Entscheidungen zutreffend zu bewerten, zu beurteilen.

(London 1997, Seite 14f., Übersetzung vom Autor).

In der Psychotherapie wird Feedback als eine der wichtigsten Funktionen betrachtet, die Gruppe und Therapeut für den Einzelnen übernehmen (Yalom 1984). Das Feedback-Geben scheint seinerseits eine therapeutische Wirkung zu haben. Im Alltag dient das Feedback der sozialen Unterstützung, der Beziehungsklärung und der Psychohygiene (Fengler 1998). Es scheint sich hier um ein vielseitig einsetzbares Instrument zu handeln, das relativ leicht handhabbar ist und das auch das Zusammenleben von Menschen erleichtert.

Erfolgreiches Feedback

Feedback kann so gegeben werden, dass es sein Ziel erreicht, oder besonders ungeschickt an den Adressaten gebracht werden. Im Allgemeinen ist es gut, wenn das Feedback folgenden Kriterien genügt:

Kriterien für ein erfolgreiches Feedback

- ❖ eher beschreibend als bewertend und interpretierend,
- ❖ eher konkret als allgemein,
- ❖ eher einladend als zurechtweisend,
- ❖ eher verhaltensbezogen als charakterbezogen,
- ❖ eher erbeten als aufgezwungen,
- ❖ eher sofort und situativ als verzögert und rekonstruierend,
- ❖ eher klar und pointiert als verschwommen und vage,
- ❖ eher durch Dritte überprüfbar als auf dyadische Situationen beschränkt.
  (Vgl. Antons 1998)

Werden diese Kriterien beachtet, dann kann das Feedback oft helfen, Blinde Flecken aufzuhellen.

Die Formulierung »eher ... als« weist darauf hin, dass hier wie auch sonst im Leben jede Regel eine Ausnahme kennt. In manchen Momenten *muss* ein Feedback gegeben werden, obwohl der Empfänger dies *nicht* wünscht. Gelegentlich sollte es über den jetzigen Augenblick hinaus zurückliegende Ereignisse mit einbeziehen dürfen. Dennoch gilt in der Regel die Regel und die Ausnahme nur ausnahmsweise.

Unsicherheit des Feedback-Senders über die Frustrationstoleranz des Empfängers und hinsichtlich der eigenen Wirkung ist nachteilig. Günstig wird Feedback aufgenommen, wenn es dem Sender gelingt, für den Empfänger eine relevante Bezugsperson zu werden, wenn er auf der gleichen Ebene wie der Empfänger und in Annäherung an dessen Erfahrungswelt spricht. Feedback vonseiten des Gruppenleiters kommt meist dann gut an, wenn er vom Empfänger als wichtige Person wahrgenommen wird.

Der Empfänger erleichtert sich die Annahme von Feedback, wenn er von sich selbst eine gute Meinung hat. Er hört dann nicht nur die wertenden Momente des Gesagten und nimmt sie nicht in einer Schülerhaltung als Lob oder Tadel auf, sondern erkennt auch den Respekt, der in der Äußerung mitschwingt. Ungünstig wirkt sich eine geringe Belastbarkeit des Feedback-Empfängers aus, der dazu neigt, an ihn adressierte Äußerungen abzuwehren.

Förderlich ist Feedback in erster Linie bei Personen, die Gefühle relativ offen äußern können. Vermutlich besteht eine Wechselwirkung zwischen Motivation des Empfängers und dem Gegenstandsbereich, in dem das Feedback angenommen werden kann. Es kommt also darauf an, bei der Feedback-Äußerung der Bedürfnislage des Empfängers entgegenzukommen und sensibel zu spüren, für welches Thema er aufgeschlossen ist. Dennoch ist es manchmal unvermeidlich, auch solche Themen anzusprechen, die dem Feedback-Empfänger nicht willkommen sind. Die angestrebte Wirkung des Feedbacks tritt in diesen Fällen oft erst mit einer gewissen Verzögerung ein.

Wenn es gelingt, das Feedback im Denk- und Erlebnisrahmen des Empfängers zu formulieren, so ist die Chance besonders groß, dass er es versteht und als bedeutsam empfindet. So sagte einmal ein Gruppenleiter zu einem Teilnehmer, dessen Gedanken oft um Geld und Besitz kreisten und der sich bei Entscheidungen schwer tat, die Konsequenzen seiner Wahl zu bejahen: »Sie können das Geld nicht ausgeben und es zugleich auf dem Sparbuch behalten!« Das verstand der Angesprochene auf Anhieb, während zuvor ausgesprochene Hinweise ihn nie erreicht hatten.

> »Zwar hören wir gern, was unsre Meinung bestätigt, aber das Hören bestimmt die Meinung.«
> Johann Wolfgang von Goethe

Es ist keineswegs notwendig, dass der Feedback-Empfänger sich nach den Hinweisen des Feedback-Gebers völlig neu einstellt. Vielmehr verändern allein das Aussprechen und Aufnehmen des Feedbacks die Situation und schaffen, wenn sie von echtem gegenseitigen Interesse und Bemühen getragen sind, zwischen den Beteiligten eine enge Verbindung, an die sich beide oft noch viele Jahre später erinnern.

Insgesamt zeigen sich bei Sender und Empfänger parallele Aufgaben im Feedback-Austausch: die Feedback-Mitteilungen ohne Tadel zu betrachten und sich den Wirkungen, die unweigerlich eintreten, mit Neugier zu stellen. Die Situation ist dabei ein wenig paradox: Derjenige Feedback-Empfänger hat den größten Nutzen von der an ihn gerichteten Mitteilung, der die meisten Bedingungen erfolgreichen sozialen Lernens schon erfüllt. Dagegen hat

Aufgaben im Feedback-Austausch

der unsichere, abwehrgeneigte Teilnehmer auch in der Feedback-Situation mit Schwierigkeiten zu kämpfen.

Vonseiten der Gruppe erweisen sich folgende Bedingungen als besonders günstig für das Geben von Feedback:

Feedback in Gruppen

❖ Die Entwicklung einer Gruppennorm, die offenes Experimentieren durch spontanes Verhalten erlaubt.
❖ Das Bemühen um gegenseitige Unterstützung und Verantwortung, wobei Geben und Nehmen eine Balance bilden.
❖ Die Rotation des Feedbacks gegen Fixierungen auf einseitige Feedback-Geber- und Feedback-Empfängerrollen.
❖ Die Arbeit in kleinen überschaubaren Gruppen.

Eine große Hilfe für eine Gruppe ist es in der Regel, wenn der Gruppenleiter selbst das Feedback modellhaft geben kann, ohne dabei zu übertreiben oder sich aufdringlich in Intimbereiche des Feedback-Empfängers hineinzudrängen. Wichtig ist, dass er auf Feedback, das er erhält, mit Aufmerksamkeit reagiert, statt es abzuwehren, lächerlich zu machen oder zu kritisieren. Dann hat die Gruppe Gelegenheit zu erfahren, dass Feedback zu geben *und* zu empfangen weder übermäßig gefährlich noch folgenlos ist, sondern in zwischenmenschlichen Beziehungen zu bedeutsamen Klärungen führen kann.

Generell gilt die Empfehlung, im Feedback-Austausch nur mit solchen Gesprächsformen und Übungen zu arbeiten, denen man sich einmal selbst ausgesetzt und die man als human, unterstützend und klärend erlebt hat.

Strategien des Feedback-Austauschs

In diesem Hauptteil des Buches stelle ich dar, in welchen Begegnungen von Personen und auf welchen Ebenen Feedback gegeben und erwidert werden kann. Ich beginne mit Themen des Gesprächs und mit der Situation zu zweit und zu dritt. Danach behandele ich die Rückmeldung im größeren Kreis, zwischen Subgruppen und Gruppen. Ich empfehle Ihnen, am Beginn eines jeden Kapitels stets kurz innezuhalten und sich zunächst darauf zu besinnen, welche Feedback-Übungen Sie auf diesem Gebiet selbst bereits kennen.

An verschiedenen Stellen sind kleine Aufgaben in den Text eingefügt, die Ihnen Gelegenheit geben, Ihr eigenes Feedback zu planen und zu geben.

Strategie 1: Fokusbildung

Das Feedback kann sich an einzelne Personen, an Paare und an Gruppen richten. Es kann Verhalten, Atmosphäre, Kommunikation und Beziehungen, Veränderungen und Entwicklungen zum Gegenstand haben. Dieses Kapitel nennt einige Fokussierungen, die im Feedback eine wichtige Rolle spielen.

Bevor wir beginnen, die Möglichkeiten des Feedback-Gebens zu sichten, bitte ich Sie um eine kleine Erinnerungsleistung. Denken Sie daran, wie Sie einem Menschen aus Ihrer Umgebung ein Feedback gegeben oder ihm etwas Feedbackartiges gesagt haben. Notieren Sie in den nächsten Zeilen, *wer* es war, *was* Sie ihm oder ihr gesagt haben und *wie* das weitere Gespräch verlaufen ist.

Ich habe folgendes Feedback gegeben:

- -

- -

- -

- - - -

- -

Nehmen Sie nun innerlich einen Positionswechsel vor. Denken Sie daran, wie jemand *Ihnen* einmal ein Feedback gegeben oder etwas mit einem Feedback Vergleichbares gesagt hat. Notieren Sie auch hier, *wer* es war, *was* er oder sie Ihnen gesagt hat und *wie* das weitere Gespräch danach verlaufen ist.

Bitte notieren Sie: Ich habe folgendes Feedback erhalten:

- -

- -

- -

- -

- -

Von der weiteren Lektüre werden Sie am meisten haben, wenn Sie meine Ausführungen immer auch auf sich selbst beziehen und sich folgende Fragen stellen:

- ❖ Habe ich schon einmal etwas erlebt, was dem im Folgenden Dargestellten entspricht?
- ❖ Würde mich eine Feedback-Äußerung der hier beschriebenen Art anspornen, irritieren oder aufmerksam werden lassen?
- ❖ Kann ich mir vorstellen, einmal so vorzugehen? usw.

1 Mitteilung über beobachtetes Verhalten

Oft reicht die Mitteilung einer kleinen Beobachtung völlig aus, jemandem etwas Wichtiges über ihn selbst mitzuteilen und ihn sehr nachdenklich zu machen. So sagte einmal ein Gruppenteilnehmer einem jungen Co-Trainer: »Mir fällt auf, dass Sie immer warten, wohin sich Ihr Trainer setzt, und sich dann neben ihn setzen.« Dem Angesprochenen war die Mitteilung so peinlich, dass er ihre Wahrheit zunächst glatt bestritt. Erst als mehrere andere Teilnehmer sie bestätigten, musste er ihre Richtigkeit widerwillig einräumen.

Auch bei Stereotypien in Sprache und Verhalten genügt oft die einfache Mitteilung. Helferinnen und Helfer neigen manchmal zu einer etwas rigiden Freundlichkeit. Da hilft es, jemandem die Eingefrorenheit seines Lächelns zu spiegeln.

Zu einem Teilnehmer der Gruppe, der ständig von »wahnsinnigen« und »irrsinnigen« Personen, Situationen, Erfahrungen und Belastungen sprach, sagte nach ein paar Tagen ein anderer Gruppenteilnehmer, dieses Gerede rege ihn »wahnsinnig« auf und mache ihm »irrsinnig« zu schaffen. Da musste der derart Gerüffelte widerwillig mitlachen, als alle anfingen zu lachen (vgl. dazu in Strategie 12: »Video-Feedback«, Seite 114).

In einer studentischen Selbsterfahrungsgruppe, die ich einmal leitete, saß ein Kommilitone, dessen Gesicht gleich in der ersten Sitzung von Schweiß glänzte. Er fuhr sich immer wieder mit seinem Taschentuch über die Stirn, aber nach wenigen Minuten war sie wieder mit einem Schweißfilm überzogen. Für die anderen Studenten war dieses Signal sehr beunruhigend. Sie spürten Angst und Anspannung darunter, hörten das Zittern in seiner Stimme und stellten sich darauf ein, indem sie in einer ganz eigenartig betulichen und beschwichtigenden Weise mit ihm sprachen. Dies stand in seltsamem Kontrast zu dem freien, vergnügten und manchmal scherzhaftruppigen Umgangston, den sie sonst miteinander pflegten. Einige formulierten vorsichtige Anfragen nach seiner aktuellen Befindlichkeit. Darauf antwortete er mit schroffer Zurückweisung. Ich selbst war beunruhigt über den Grad der Belastung, den ich an ihm spürte, und sprach seine Stimmung verschiedentlich vorsichtig an, erhielt aber immer abweisende Antworten. Irgendwann wurde es mir zu viel damit, zumal sich bei mir der Eindruck verdichtete, dass er mit diesem Symptom die Gruppe recht gut in Schach hielt. Ich sagte daher zu Beginn der nächsten Sitzung: »Mir fällt auf, dass Sie sehr stark schwitzen.« Da hellten sich seine angespannten

Züge auf. Er sah mich dankbar an, atmete tief auf und entspannte sich. Schwitzen und fahriges Abwischen hörten während der nächsten fünf Minuten auf. Nun fassten einzelne Gruppenmitglieder ebenfalls Mut, ihm ihre bisher zurückgehaltenen Eindrücke mitzuteilen. Er antwortete darauf erleichtert und fast wie aus einem selbst geschaffenen Gefängnis befreit. Das Schwitzen als Zeichen seiner Angst und seiner Macht hatte anscheinend seinen Dienst getan und war nun nicht mehr erforderlich.

Vielleicht fällt Ihnen jetzt etwas ein, worauf Sie einen Kollegen oder Mitarbeiter schon immer einmal in taktvoller Form hinweisen wollten, weil es für Ihre Zusammenarbeit von Bedeutung ist. Formulieren Sie Ihr Feedback am besten in wörtlicher Rede.

Darauf wollte ich eine Kollegin oder einen Kollegen, eine Mitarbeiterin oder einen Mitarbeiter, eine Freundin oder einen Freund schon immer ansprechen.

Name   *Feedback*

Gewiss haben Sie beim Schreiben oder spätestens beim Probe-Aussprechen eine kleine Hemmung gespürt: In der Regel kommen wir einem Menschen nicht so nahe, wie Sie es soeben versucht haben. Oft verbergen wir unsere Absicht in Nebenbemerkungen, Scherz oder Sarkasmus. Das Feedback hilft uns, auf solche verdeckten Andeutungen zu verzichten und unsere Absicht deutlich zu machen.

Absichten deutlich äußern, nicht »verdecken«

2 Körpersprachliche Signale

Zur Körpersprache gehören Körperhaltung und Bewegung, Gestik und Mimik, Tonfall und Stimmführung, Pantomimik, Verfestigungen in der Gestalt sowie psychophysiologische Vorgänge wie Atmung, Herzschlag und Puls,

Stoffwechsel, Durchblutung, Hautveränderungen, bestimmte Schmerzerscheinungen, Schweißabsonderung, Zittern von Stimme und Händen usw. Der Signalcharakter von Vorgängen der Körpersprache ist nicht eindeutig; aber der Betreffende selbst oder andere Menschen können ihre Bedeutung oft intuitiv erfassen. So mögen Veränderungen in der Atmung, eine gespürte Panzerung in der Brust, ein bretthartes Unterleib oder eine chronische Nackenverspannung uns etwas über unsere Einstellung zu bestimmten Personen oder Themen oder über unsere allgemeine Lebensführung verraten. Oft manifestieren sich in der Körpersprache frühe Kränkungen und Ängstigungen, die der Mensch nun nicht mehr spürt, die aber im Körper ihre Spur hinterlassen haben. Der Bioenergetik verdanken wir auf diesem Gebiet ein vertieftes Verständnis.

Für Klienten ist es manchmal eine Hilfe, wenn man sie bittet, ihre Worte mit einer Geste, einer Körperhaltung oder einem gesummten Ton zu unterstreichen. Dieser Wechsel des Mediums intensiviert oft ein Gefühl oder bringt den Betroffenen überhaupt erst dazu, etwas zu fühlen. In manchen Fällen löst es weitere Bilder, Erinnerungen oder Affekte aus. Auch die absichtliche Wiederholung einer ursprünglich unbewusst ausgeführten Bewegung, eines Satzes oder einer auffälligen Wortwahl und Formulierung führt oft zu einer intensiven Gefühlsreaktion.

Eine Gruppenteilnehmerin schaute ständig mit großen, lustigen Augen von einem zum anderen, lächelte, nickte bisweilen zustimmend und tat Äußerungen der Bestätigung, blieb aber insgesamt sehr zurückhaltend. In der abschließenden Feedback-Runde kam dies zur Sprache. Da sagte sie: »Es kann ja nicht jeder ständig reden«, und bewegte dazu Hände und Arme vor dem Gesicht in eigenartig auffallender unklarer Art und Weise. Ich bat sie, diese Bewegung noch einmal zu wiederholen und mitten im Ablauf innezuhalten. Da sah ich, dass sie die Hände wie schützend vor das Gesicht hielt. Tatsächlich war sie halb von ihrem Stuhl heruntergerutscht, saß geduckt und schien jetzt Gesicht, Kopf und Hals mit Händen und Armen schützen zu wollen. Dabei zitterte ihr Mund.

Ein Gruppenmitglied sagte leise: »Ein Kind, das geschlagen wird.« Da wurde das Zittern ihres Mundes stärker, sie weinte lautlos, ohne die Körperhaltung zu verändern.

Dann gab sie uns ein Zeichen, dass sie sich mit dieser Erinnerung zunächst allein und still auseinander setzen wolle. Der Grund ihrer kontinu-

ierlichen Freundlichkeit war nun immerhin zu ahnen: Außer einer ihr gewiss echten eigenen Fröhlichkeit deutete sich ein ständiger Beschwichtigungsversuch an, der vielleicht auf Erfahrungen aus ihrer Kindheit beruhte: »Ich bin harmlos und freundlich. Bitte, schlagt mich nicht!«

Wer sich im Gespräch ständig unterbrechen lässt, wer stets die Augen niederschlägt oder beiseite schaut, wer schnell errötet und erblasst oder schwitzt, wer sich beim Reden rasch verhaspelt oder in weitschweifigen Formulierungen versucht, Zeit zu gewinnen, lässt eine Unsicherheit erkennen, die der Situation und seinen Fähigkeiten ganz unangemessen sein kann. Ein behutsamer Hinweis ist hier oft eine große Hilfe, Korrektur und Entlastung.

Unsicherheiten erkennen

Weitgehende Interventionen, die Beobachtungen oder Begriffe aus dem Bereich der Körpersprache aufgreifen, werden oft als besonders nachdrücklich empfunden.

So spiegelten verschiedene Gruppenmitglieder einem Seminarteilnehmer sein ungeschicktes linkisches Verhalten. Er selbst bestätigte diesen Eindruck und sagte, er habe oft den Eindruck, er stehe sich selbst auf den Füßen und blockiere sich damit. Die Gruppenleiterin griff diese bildhafte Formulierung auf und schlug ihm vor, sich einmal so hinzustellen, dass einer seiner Füße auf dem anderen stehe. Er blieb so blockiert und zur Unbeweglichkeit verurteilt eine ganze Weile ruhig und nachdenklich stehen. Dann sagte er: »Es ist gut, dass ich das einmal so konkret gespürt habe. Tatsächlich ist mein bisheriges Leben ungefähr so verlaufen. Aber das heißt ja nicht, dass es immer so bleiben muss.« Bei diesen Worten löste er sich aus seiner höchst unbequemen Stellung und trat gelassen in den Kreis der Gruppe zurück.

Eine Teilnehmerin wurde von allen anderen als sehr verkrampft empfunden und äußerte sich auch selbst in diesem Sinne klagend und anklagend. Der Gruppenleiter schaute sie listig an und sagte: »Da kann ich dir helfen. Steh doch bitte einmal auf und spanne alles noch viel mehr an, als es bisher der Fall war: Kopfhaut, Stirn, Gedanken, Mund, Gesicht – alles verkrampft; Hals und Nacken, Oberarme, Unterarme, Hände, Finger – total verkrampft; Brust, Atmung, Rücken, Becken, Scheide, Po – völlig verkrampft; Oberschenkel, Unterschenkel, Füße, Zehen – absolut verkrampft! Prüfe bitte selbst noch einmal: Ist alles sehr gut verkrampft?« Die Teilnehmerin nickte unter großer Anstrengung. Der Gruppenleiter sagte freundlich: »Das hast du gut gemacht. Jetzt bleibe bitte zwei Stunden lang so stehen.« Unter dem Gelächter der Gruppe löste sich ihre Verkrampfung auf der Stelle. Sie erkannte: Sie selbst erzeugte die Verkrampfung, und nur sie konnte sie lösen.

3 Bilder und Einfälle

Manche Menschen vermögen ihr Feedback intuitiv, treffsicher und in Form von Einfällen und Bildern zu gestalten.

So äußerte einmal eine Gruppenteilnehmerin einer anderen gegenüber: »Du kommst mir immer vor wie ein verwackeltes Polaroid-Foto.« Tatsächlich berichtete die Angesprochene später, sie sei als Kind jüdischer Eltern bei der Verwandtschaft in Deutschland, Israel, Holland, Amerika, Polen und Spanien zu Hause, aber eben nirgends wirklich beheimatet, und sie wisse auch nicht, ob sie deutsch, jüdisch, israelisch, europäisch, kosmopolitisch oder etwas ganz anderes sei.

Es ist bei der Wahl der Bilder und Begriffe erlaubt, die Fantasie schweifen zu lassen und auch auf Einfälle zu achten, die sich spontan einstellen.

Ein Gruppenteilnehmer beschäftigte sich in sehr gewählten Worten und Formulierungen und mit einer gewissen Zurückhaltung, die ihn objektiv und distanziert erscheinen ließ, vorwiegend mit den Schwächen der anderen. Er war dabei sehr verletzend. Immer wieder duckten sich einzelne Gruppenmitglieder unter seinen Bemerkungen, statt sich zur Wehr zu setzen. Schließlich übernahm ich die Aufgabe, sein Verhalten in der Gruppe zu verdeutlichen. Ich sagte: »Was Sie mit Einzelnen aus der Gruppe machen, das ist die Grausamkeit des Schmetterlingssammlers: Sie spießen das Objekt Ihres Interesses auf.« Über diese Äußerung war er zunächst sehr gekränkt.

Später, als mehrere Teilnehmer mir beipflichteten, erkannte er, dass dieser aggressive Zugangsmodus dazu dient, ihn selbst zu schützen. Es fiel ihm ein, dass ein Onkel ihm einmal als Lebensmotto empfohlen hatte: »Wenn es zum Kampf kommt – und das Leben ist Kampf –, dann schlag auf jeden Fall als Erster zu!« Er bemerkte nun, dass er offenbar sein ganzes Leben als Kampf konstruiert hatte, in dem es darauf ankam, dass er selbst stets als Erster zuschlug – eine für ihn wie auch für seine Mitmenschen durchaus ungemütliche Perspektive.

Als ich ihn mehrere Jahre später auf einem Kongress wieder traf, begrüßte er mich lachend mit den Worten: »Hier kommt Ihr grausamer Schmetterlingssammler – erinnern Sie sich noch?« Er berichtete danach aber mit großem Ernst, dass diese Formulierung ihm lange nachgegangen sei und dass er im Denken an meine Worte auch als Vorgesetzter das Verhältnis zu seinen Mitarbeitern revidiert habe: ehemals permanent scharfzüngig und konfrontativ, nunmehr stärker zuhörend und unterstützend. Dieser Wandel war von seinem Team sofort bemerkt worden; die chronische Angst vor ihm, die dort früher geherrscht hatte, machte einer Atmosphäre von Kollegialität und guter Zusammenarbeit Platz.

Nicht jeder Einfall, der sich uns aufdrängt, eignet sich für ein Feedback. Stets muss er, auch wenn er uns geistreich und witzig erscheint, daraufhin überprüft werden, ob er sich auch in diesem Augenblick und für diese Person eignet. Jedenfalls kommt es nicht darauf an, dass wir mit unserer Bemerkung einen Lacherfolg erzielen, sondern etwas zur Klärung der Situation beitragen. Ruth Cohn (1997) hat diese Selbstdisziplin des Gruppenleiters in dem Begriff »Selektive Authentizität« dargestellt.

Nicht jede Idee eignet sich für ein Feedback

4 Namen und Personen

Wenn man zu jemandem sagt, er habe so etwas Herkulisches oder Faustisches an sich, er erinnere an Heinrich VIII., Mona Lisa oder den Dornauszieher, er wirke ein bisschen so wie Siegfried, Gretchen, Othello oder Siddharta, so kann sich vielleicht eine Mehrzahl von Seminarteilnehmern darunter etwas vorstellen. Aber wer von uns weiß noch genau, wie die Verhältnisse zwischen Don Carlos und der Eboli, zwischen Michael Kramer und seinem Vater oder zwischen Josef Kerkhoven und Etzel Andergast waren?

Ein solches Feedback wird also leicht zur Bildungshuberei, wenn es nicht auf wirklich allseits bekannte Namen und Personen rekurriert. Muss erst einmal nachgefragt und nacherklärt werden, so sind Prägnanz und Pointe des Feedbacks ohnehin dahin.

Ich sagte einmal zu einem Gruppenteilnehmer: »Sie haben für mich so etwas Obelixhaftes an sich.«

Das stieß in der Gruppe auf explosionsartiges Gelächter, in das der Angesprochene nach einer Schrecksekunde etwas zögernd einfiel. In der darauf folgenden Sitzung fragte er etwas täppisch, was ich denn damit gemeint hätte – da prustete die Gruppe erneut los, weil gerade die Art seines Fragens das Feedback bestätigte (vgl. aber den Hinweis zu den Risiken von Spott und Ironie auf Seite 41).

Vergleiche mit allzu bekannten Personen sind immer etwas gefährlich. Weil diese Personen (zum Beispiel Tarzan, Jerry Cotton, Donald Duck, Ernie und Bert aus der Sesamstraße, Goethe, Picasso) vorwiegend als Personen-Schablonen bekannt sind, gerät auch das Feedback leicht schablonenhaft und ist dann kränkend. Es kommt der Individualität des Angesprochenen nicht nahe genug und etikettiert ihn, statt ihm eine neue Facette seiner Person sichtbar zu machen.

5 Berufs-Vergleiche

Manchmal drängt sich dem Betrachter in einer Begegnung eine Assoziation an einen bestimmten Beruf auf, die er im Feedback gerne nutzen möchte. Dann mag es in seltenen Fällen vertretbar sein, jemandem zu sagen, er erinnere an einen typischen Lehrer, Sozialarbeiter oder Pfarrer, an Krankenschwestern, Psychologen, Naturwissenschaftler, Juristen, Firmeninhaber oder Gewerkschaftler usw. Aber der Berufsvergleich ist wie auch angrenzende Typisierungen (Macho, Müsli, Softie, Raver, Punk, Emanze usw.) ein sehr grobes Raster. Er kann höchstens einen allerersten Eindruck wiedergeben. Solche Bilder nutzen sich schnell ab. Wer sie ein zweites Mal heranzieht, sollte sorgfältig prüfen, ob er genau hingeschaut hat. Man kann hier manchmal echte Treffer wie auch Patzer landen.

Ein Seminarteilnehmer sagte einmal ärgerlich zu einer Teilnehmerin: »Du bist wie eine richtige Krankenschwester – immer um alle besorgt, immer lächelnd und immer nichts sagend!« Da brach die Angesprochene in Tränen aus und antwortete: »Ich bin Krankenschwester!«

Ein Teilnehmer sagte zu einem anderen in großer Erregung: »Du bist ein Bettler!« Das war für den Adressaten sehr verletzend – aber tatsächlich hatte er eine Art der demonstrativen, vorwurfsvollen Hilflosigkeit und Bedürftigkeit, die man weder ignorieren noch beseitigen konnte.

6 Stärken und Schwächen

Bei vielen Fragen geht es nicht darum zu beurteilen, wie eine Person *ist* oder wie sie uns *erscheint*, sondern wie *sie unter einem speziellen Aspekt* zu beurteilen ist. Dies ist oft notwendig, wenn zwischen mehreren Kandidaten eine Personalentscheidung gefällt oder in einem Gerichtsgutachten für ein bestehendes Problem eine differenzierte Lösung, möglicherweise in Form von Alternativen, vorgeschlagen werden muss. Werden Stärken und Schwächen auf dem Hintergrund eines bekannten Maßstabs gemeinsam in Betracht gezogen, so kann auch mit dem Betroffenen selbst ohne Scheu darüber gesprochen werden. Dieses Gespräch ist eine hohe Kunst, das des genauen Hinsehens und der nuancierten Formulierung bedarf. Wenn man es aufmerksam und ernsthaft führt, gehen beide Gesprächspartner bereichert daraus hervor.

Exkurs: Personal-Beurteilung

In vielen größeren Institutionen gehört die regelmäßige systematische Beurteilung der Mitarbeiterinnen und Mitarbeiter (meist im Abstand von zwei bis drei Jahren oder vor einer Versetzung bzw. Beförderung) zu den Instrumenten der Führung und Personalentwicklung. Diese Beurteilung erfolgt schriftlich, muss dem Mitarbeiter eröffnet werden und wird danach Teil seiner Personalakte. Die Dienstliche Leistungsbeurteilung bietet beiden Gesprächspartnern Gelegenheit, sich im wechselseitigen Feedback zu üben.

Mitarbeiter-Beurteilung

Der Vorgesetzte kann also – und soll es auch – im Eröffnungsgespräch umfassend auf die Leistung und Zusammenarbeit des Mitarbeiters eingehen, soweit dies in annähernd objektivierbarer Weise möglich ist, und dabei Stärken und Schwächen konkret benennen. Zugleich kann er eine ganz persönliche Stellungnahme abgeben. Mitarbeiter haben die Möglichkeit, ihre Wahrnehmungen von Erfolg und Misserfolg in Bezug auf

Leistung und Zusammenarbeit mitzuteilen und auch, wie jetzt eben dieses vielleicht sehr prekäre Gespräch vom Vorgesetzten gestaltet wird.

Manchen Vorgesetzten gelingt die Mitteilung selbst in solchen Bereichen, wo ein Wort der Kritik ihnen unerlässlich erscheint, in einer Weise, dass der Mitarbeiter sich verstanden, respektiert und ermutigt fühlt. Es ist darauf zu achten, dass die Eröffnung der Beurteilung nicht auf einen Austausch von subjektiven Gefühlseindrücken reduziert wird. Die dienstliche Beurteilung ist ein Rechtsakt, und sie kann, wenn auch nur in seltenen Fällen, weitreichende Konsequenzen für das Leben der beurteilten Person haben. Zugleich ist jede Beurteilung ein höchst subjektiver Vorgang, und dies verdient ebenfalls Beachtung.

Der ganze Vorgang ist für beide Beteiligten, Vorgesetzte wie Mitarbeiter, mit starken Affekten verbunden. Der Vorgesetzte legt sich mit der schriftlichen Niederlegung seiner Gedanken fest und wird angreifbar. Er muss zu dem, was er geschrieben hat, im Gespräch unter vier Augen stehen, besonders auch dann, wenn er unangenehme Wahrheiten mitzuteilen hat und der Mitarbeiter sich energisch zur Wehr setzt. Der Mitarbeiter wieder hält das, was in dem Beurteilungsbogen über ihn steht, oft nicht allein für eine Leistungseinschätzung durch diesen einen Vorgesetzten, sondern erkennt darin eine umfassende Diagnose seiner Person, die ihn Selbstwert und Aufstieg zu kosten vermag.

Die schriftliche Form der Leistungsbeurteilung verführt unsichere Vorgesetzte dazu, sich an ihr festzuhalten und den Text vorzulesen, ganz so, als sei ihre Aufgabe damit erledigt, etwa noch verbunden mit der Aufforderung, sie beim Lesen nicht zu unterbrechen. Aber damit werden sie diesem Führungsinstrument nicht gerecht. Die Leistungsbeurteilung soll in erster Linie der Standortbestimmung, Wegweisung und Förderung des Mitarbeiters dienen. Sie ist auch eine Einladung an den Vorgesetzten, sein Führungsverhalten einer Reflexion zu unterziehen. Als lästige Pflicht oder als Disziplinierungsmittel für aufsässige Mitarbeiter eignet sie sich nicht.

Ich möchte Sie an dieser Stelle erneut zu einem kleinen Gedanken-Experiment einladen. Überlegen Sie bitte einmal, ob Sie an sich selbst zwei Stärken (+) und zwei Schwächen (−) benennen können, die für Ihre beruflichen Fähigkeiten von besonderer Bedeutung sind.

Selbstbeurteilung:

(+) --

(+) --

(−) --

(−) --

Fahren Sie nun mit der Übung gleich fort. Überlegen Sie für einen Mitarbeiter, einen Kollegen oder einen anderen Menschen aus Ihrer Umgebung, worin Sie bei dieser Person zwei wichtige Stärken (+) und zwei wichtige Schwächen (–) sehen.

Beurteilung einer anderen Person:

(+) --

(+) --

(−) --

(−) --

Wenn man sich eine Weile lang mit der Frage »Stärken und Schwächen« beschäftigt, wird dies wie von selbst zu einer wichtigen Perspektive bei der Selbst- und Fremdbeobachtung. »Wo Licht ist, ist *auch* Schatten«, heißt es im Sprichwort. Und andererseits ringt doch jeder von uns trotz aller Unzulänglichkeiten, die uns anhaften, um die Entfaltung seiner Möglichkeiten. Die Frage »Stärken und Schwächen« erweitert also den Blick auf die vollständige Person (Jung u.a. 1977). Sie macht uns ein wenig milde in der Beurteilung unserer selbst wie auch der unserer Mitmenschen.

7 Möglichkeiten und Grenzen

In gleicher Weise ist es oft sinnvoll, mit jemandem über seine Möglichkeiten und Grenzen zu sprechen. Auch hier mag der Feedback-Geber für den Feedback-Empfänger Wegweiser zwischen Selbstüberschätzung und Entmutigung sein. Er kann dessen tatsächliche Leistungsfähigkeit anhand gemeinsamer Erfahrungen aus dem Arbeitsleben beschreiben und auch

Fortbildungspläne, Aufstiegswünsche und Entwicklungsmöglichkeiten mit ihm besprechen.

Diagnostische Gruppenunter-suchungen

Von Bedeutung ist das Gespräch über Möglichkeiten und Grenzen auch da, wo diagnostische Gruppenuntersuchungen stattfinden und man dabei nicht nur Klassifizierungsziele im Sinn hat, sondern auch ein Beratungsangebot zur Verfügung stellen will.

Die regionalen Ämter der Bundeswehr führen beispielsweise mit allen angehenden Rekruten eine eintägige psychologische Untersuchung durch, deren Ergebnisse wenige Minuten nach Ende der Testphase bereits vorliegen müssen. Nun hat die Bundeswehr einerseits ein großes Interesse daran, fähige Rekruten über den Wehrdienst hinaus an sich zu binden. Andererseits haben oftmals sehr schwache Kandidaten am unteren Rande der Normalverteilung hochfliegende Pläne und möchten gerne General, Kapitän oder Testpilot werden. Mit beiden Gruppen wird gezielt gesprochen. In dem einen Fall geht es darum, die Chancen zu erörtern, die sich im Falle eines längeren Verbleibs bei der Truppe ergeben. Im anderen Fall muss den allzu kühnen Karriereträumen entgegengewirkt werden.

Assessment-Center

Ebenso ist es am Ende eines Assessment-Centers wünschenswert, mit allen Teilnehmerinnen und Teilnehmern unabhängig von ihrem Ergebnis über Perspektiven und Handlungsmöglichkeiten der vor ihnen liegenden Jahre zu sprechen.

Bei Mitarbeitern, die sich mit solchen Fragen an Vorgesetzte und Personalabteilungen wenden, sollte es ohnehin eine Selbstverständlichkeit sein, dass diese sich für ein solches Gespräch Zeit nehmen. Auch sie selbst sind ja einstmals gefördert worden und vielleicht gerade aufgrund einer derartigen Hilfestellung in ihre gegenwärtige Position aufgerückt. Da ist es gut, wenn sie dies uneigennützig weitergeben. Nicht zuletzt: Dankbare Mitarbeiter werden später zu fairen Kollegen: Ein Netz konstruktiver Beziehungen erleichtert Berufsleben und Zusammenarbeit.

8 Chancen und Gefahren

Manchmal entdeckt man am Gegenüber eine Qualität, die im Prinzip weder positiv noch negativ zu bewerten ist, sondern, wie Fritz Riemann es immer wieder ausgedrückt hat, eine Keimsituation darstellt (Riemann 1975), in der verschiedene Entwicklungen möglich sind. So ist jemand zum Beispiel extravertiert und etwas sanguinisch im Temperament. Wenn man ihm dies im Feedback sagt, so verrät man ihm gewiss nichts Neues. Aber es mag erhellend für ihn sein, wenn man mögliche Entwicklungen dieser Disposition in seinem Leben aufzeigt: die Möglichkeit, schnell Kontakt zu gewinnen und in zwischenmenschlichen Beziehungen attraktiv und erfolgreich zu sein – verbunden mit der Gefahr der Oberflächlichkeit und Verzettelung in vielen Begegnungen ohne Tiefgang.

Das Feedback macht hier eine Lebensperspektive sichtbar, die weit über den Moment hinausweist. Tatsächlich sind ja unsere so genannten Eigenschaften Lebensentwürfe. Wir finden uns täglich neu vor der Aufgabe, auf die eine oder andere Weise von ihnen Gebrauch zu machen, ihren Verführungen zu entgehen und ihre reifungs- und gemeinschaftsbezogenen Stärken zu entfalten.

Lebensperspektive wird sichtbar

Dieser Aspekt lässt sich anhand eines kleinen Gedanken-Experiments für die eigene Person überprüfen. Wählen Sie bitte einmal eine Ihrer bemerkenswertesten Eigenschaften. Notieren Sie, welche Chancen und Entwicklungsmöglichkeiten Sie mit dieser Eigenschaft verbinden und welche Gefahren sich zugleich aus dieser Eigenschaft für Sie ergeben könnten.

Eine meiner wichtigsten Eigenschaften:

- -

Chancen

- -

- -

- -

- -

Gefahren

- -

- -

- -

- -

Im Gespräch empfiehlt sich ein solcher Ausgriff auf den weiteren Lebenshorizont der anderen Person nur dann, wenn sich bereits eine gewisse Vertrautheit entwickelt hat und der Betreffende vom Wohlwollen des Feedback-Gebers überzeugt sein kann. Andernfalls könnte dieser Hinweis als Übergriff in einen Bereich hinein empfunden werden, den er der Erörterung nicht zur Verfügung stellen möchte.

9 Reime und Verse

Ein Kollege hatte es sich angewöhnt, Feedback in kleinen witzigen Reimen zu geben. Zum Beispiel:

❖ Es lernt in manchen Fällen der Mops zuletzt das Bellen.
❖ Es herrschen seit Äonen bei Krupp die Pharaonen.
❖ Alles im Griff auf dem sinkenden Schiff.
❖ Die Gruppe will verzagen, sie muss den Trainer fragen
   usw.

Wenn ein solcher Spruch den Nerv der Sache trifft, so mag dem Sprücheklopfer durchaus Beifall gewiss sein. Aber manche Reime werden stets apokryph oder unscharf bleiben. Der Anfangserfolg zwingt zu weiterer Reimproduktion, die nicht immer von gleicher Qualität sein wird. Die mehrmalige Benutzung des gleichen Spruchs lässt einen Verlust an Frische eintreten. Die Gruppe beginnt ihrerseits, in Reimen zu denken – dies kommt der Genauigkeit der Beobachtung nicht zugute. So kann nur ein sehr sparsamer Gebrauch solcher Interventionen empfohlen werden.

10 Wortspiele

Manchmal gelingt es, einen Eindruck in eine besonders pointierte Form zu bringen, die sich dem Empfänger nachhaltig einprägt. Manche Gruppenleiter bringen diesbezüglich kleine Meisterwerke zustande.

So sagte einmal ein Helfer zu einem Ratsuchenden, der sich ausführlich über seine verschiedenen Beschwerden beklagte: »Das können Sie offenbar gut leiden, das Leiden.«

Von Alfred Adler wird berichtet, dass er einmal zu einer Dame, die sich mit Skrupeln plagte, dass sich ein Offizier ihretwegen erschossen hatte, sagte: »Und jetzt denken Sie, das sei Ihre Schuld. Das könnte Ihnen so passen!«

In diesen Fällen lag wirklich die Würze in der Kürze, und jedes weitere Wort war überflüssig.

Andererseits darf die angestrebte Kürze nicht zu einem Verlust an Verständlichkeit führen. Sonst mag es passieren, dass der Empfänger Verstehen nur vortäuscht und später im Gespräch mit anderen Menschen herauszufinden versucht, was der Feedback-Geber mit seinem Aperçu gemeint hat.

11 Spott und Ironie

Spott und Ironie sind keine guten Ratgeber beim Feedback, weil sie leicht eine Herabsetzung des Gesprächspartners enthalten und seine Empfangsbereitschaft behindern. Hat die Gruppe erst einmal beobachtet, dass einer von ihnen blamiert worden ist, so verschließen sich alle andern dem Feedback auch dann, wenn es wohl gemeint und treffend ist.

Gelegentlich aber ist eine Bemerkung, in der sich Spott, Belustigung und Wohlwollen in angenehmer Weise mischen, auch eine besonders nachdrückliche Verstehenshilfe. Wenn ein Gruppenteilnehmer sich sehr vage und unverbindlich äußert, wenn er beispielsweise sagt: »Irgendwie ist da etwas ganz Intensives zwischen uns, also einfach so unmittelbar, ich kann es genau spüren, aber nur schwer in Worte fassen, ich fühle da so etwas …«, dann mag der Gruppenleiter mit ganz ernsthaftem Gesicht sagen: »Können Sie das noch etwas allgemeiner ausdrücken?« – und in der Sekunde zwischen dem Gelächter der Gruppe und dem Hinterherlachen des Angesprochenen findet ein Lernvorgang statt.

Später, wenn jemand wieder einmal recht allgemein oder floskelhaft formuliert, kann es ihm passieren, dass es ihm aus der ganzen Gruppe im Chor entgegenschallt: »Kannst du das noch etwas allgemeiner ausdrücken?!« Aber natürlich ist man auch nicht vor Missverständnissen geschützt. Als ich diesen Satz einmal einem Teilnehmer sagte, schaute er mich ziemlich verwirrt an und sagte dann erstaunt: »Ja, war das denn noch nicht allgemein genug?«

12 Drastifizierung

Manchmal ist es notwendig, einen Sachverhalt besonders drastisch auszudrücken, um ihn dem Empfänger deutlich zu machen (Thomann/Schulz von Thun 1988). Auch dazu ein paar Beispiele:

Ein Gruppenleiter sagt zu einem Teilnehmer: »Wenn Sie nicht aufhören, sich die Ohren zu verstopfen, dann fangen Sie jetzt an, alt zu werden.«

Ein anderer Gruppenleiter sagte zu einem Teilnehmer: »Ich schenke dir eine kleine Bank, auf der du deinen Lebensabend absitzen kannst« – aber der Teilnehmer war erst 30 Jahre alt.

Ein Gruppenleiter sagte zu einer Gruppe, die von ihm die Überwindung der Gruppenstagnation forderte: »Erst muss geschissen sein, ehe drin gerührt werden kann.«

Alle drei Äußerungen werden sich dem Empfänger gewiss unauslöschlich einprägen. Es muss aber stets gefragt werden, ob die Konfrontation im Dienste der Arbeit steht oder hauptsächlich der Verballust des Gruppenleiters dient.

Strategie 2:
Feedback zu zweit und zu dritt

Das Feedback unter vier Augen kommt wohl am häufigsten vor, und zwar sowohl im beruflichen Gespräch wie auch in der informellen Begegnung. Optisch können wir das Ereignis durch folgende einfache Darstellung verdeutlichen:

A richtet ein Feedback an B. Wir zeichnen die Richtung der Mitteilung einseitig ein, als gehe sie nur von A zu B. Aber dies dient ausschließlich der Übersichtlichkeit. Tatsächlich verläuft der Prozess des Feedback aber, wie ich unter »Feedback als Kommunikation« (s. Seite 16) beschrieben habe, stets kreisförmig.

Die deutsche Sprache umschreibt diesen Vorgang mit zahlreichen anschaulichen Formulierungen:

❖ Den Zahn habe ich ihm gezogen.
❖ Da habe ich ihm ordentlich heimgeleuchtet.
❖ Den habe ich konfirmiert.
❖ Das musste mal gesagt werden.
❖ Dem habe ich ein Licht aufgesetzt.
❖ Den habe ich abgebürstet usw.

Jedoch lassen alle diese Formulierungen eine gewisse beabsichtigte Ruppigkeit oder Schroffheit des Feedback-Gebers erkennen. Offenbar ist es nicht ganz leicht, jemandem eine Wahrheit zu sagen. Wenn es denn schon sein muss, so kann es passieren, dass man so lange damit zögert, bis es in verletzender Weise herausplatzt; oder man vergreift sich auf einem so ungewohnten Terrain in der Dosis der verträglichen und für den Empfänger akzeptablen Konfrontation. Feedback ist aber erfolgreicher, wenn es eher häufig als selten und nicht nur aus Ärger, sondern auch als Zustimmung, Anerkennung und Bestätigung geäußert wird. Dies kann in sehr unterschiedlicher Weise geschehen, wie in den folgenden Übungen sichtbar wird.

13 Doppelgänger

Die Technik des Doppelns stammt aus dem Psychodrama (Leutz 1992). Wenn der Protagonist ins Stocken gerät oder einen Aspekt der Situation übersieht, so tritt der Psychodrama-Leiter oder ein anderer Teilnehmer hinter oder neben ihn und spricht ihm diesen vielleicht unbewussten Gesichtspunkt nach Art einer inneren Stimme zu. Der Protagonist kann darüber hinweggehen, den Impuls aufnehmen oder modifiziert in seine eigenen Äußerungen einfügen, ohne sich dem Helfer, der eine Hilfs-Ich-Funktion übernimmt, besonders zuzuwenden und ohne seine Spielsituation verlassen zu müssen.

Ein Seminarteilnehmer berichtet über wiederkehrende Konflikte mit seinem Vorgesetzten, der ihn, wie er sagt, mit seinem autoritären Gehabe immer wieder in eine Mischung aus Wut und Hilflosigkeit versetzt. Ich bitte ihn, die letzte derartige Erfahrung einmal für uns in Szene zu setzen. Damit wir verstehen, worum es geht, übernimmt er selbst zunächst die Rolle des Vorgesetzten; ein anderer Gruppenteilnehmer seinen Part. Dabei erscheint der Vorgesetzte uns Außenstehenden freilich keineswegs wütend oder willkürlich, sondern kompetent und zielgerichtet. Erst unter den zögernden, unschlüssigen Antworten des Mitarbeiters kommen in dem Gespräch Ungeduld und Gereiztheit auf. Zuletzt erteilt der Vorgesetzte eine klare Weisung, und der Mitarbeiter verlässt unwillig das Besprechungszimmer. »Genau so läuft es immer!«, bemerkt der Seminarteilnehmer. – Nun nehmen wir einen Rollenwechsel vor. Der Teilnehmer spielt sich, ein anderes Gruppenmitglied, nun gut vorbereitet, seinen Chef. Der Teilnehmer beginnt nach dessen ersten einführenden Bemerkungen und Fragen, mit hinhaltenden Ausflüchten und vagen Bemerkungen zu antworten, und fühlt sich sichtlich bedrängt. Der Chef hakt nach, der Ton wird scharf, der Teilnehmer spricht halblaut zur Seite: »Verflucht, warum lässt er mich

nicht in Ruhe!?« Da tritt ein anderer Teilnehmer von hinten halb neben ihn und sagt leise (dies ist der Vorgang des Doppelns): »Heimlich bewundere ich ihn auch ein bisschen. Er ist immer so gut vorbereitet und so klar in seinen Plänen. Warum ist er mir nur so überlegen?!« – Diese kleine Bemerkung brachte für den Teilnehmer eine regelrechte Wende in seine Sicht von den Vorgängen. Bisher hatte er den Vorgesetzten als schikanös empfunden und eine Lösung des Problems nur darin gesehen, dass der Vorgesetzte sich ändern würde. Jetzt sah er, dass seine eigene Bockigkeit ihm im Weg stand, indem er gegen die wirkliche Überlegenheit des Vorgesetzten in kindlicher Weise opponierte. Er sagte im Verlauf der weiteren Seminarsitzung spontan: »Es macht ja keinen Sinn, ihn klein machen zu wollen. Ich muss mich darauf besinnen, bei welchen Aufgaben ich ähnlich tüchtig bin wie er und fachlich kompetent auf seine Fragen antworten kann.«

14 Hair Cut

Im Alltag drücken wir Ärger oft durch Anraunzen, Rüffel oder beleidigten Rückzug aus. Dann reagiert der Angesprochene seinerseits mit Angriff, Rechtfertigung oder Rückzug, und die Kommunikationsstörung ist da.

Die Übung »Hair Cut« (Bach/Bernhard 1972) ritualisiert diesen Vorgang. Wer seinen Ärger loswerden will, kündigt dies dem anderen an und holt nach Möglichkeit dessen Zustimmung ein. Dann fetzt er ihm alles um die Ohren, was dringend einmal gesagt werden muss.

Danach soll Ruhe eintreten wie nach einem reinigenden Gewitter. Der Sprecher hat sich entlastet und dankt dem Adressaten, dass er zugehört hat. Der Empfänger antwortet im günstigsten Fall nicht sofort, sondern lässt die Äußerung auf sich wirken und nimmt erst mit einer beabsichtigten Verzögerung zu einzelnen Punkten Stellung. – Eine verwandte Übung auf Gruppenebene ist der »Hot Seat« (Übung 34 auf Seite 64f.).

15 Lernpartnerschaft

Das Feedback zu zweit, gleichsam die Keimzelle aller Lernprozesse im Seminarkontext, lässt sich forcieren und institutionalisieren, indem der Gruppenleiter gleich zu Beginn des Seminars die Bildung von Lernpartnerschaften anregt. Die so entstehenden Paare erhalten die Aufgabe, sich jeden Tag für eine bestimmte Zeitspanne zu treffen, am besten zu einer festen Uhrzeit, damit das Gespräch zu einem offiziellen Bestandteil des Tagesplans wird. Themen des Gesprächs sind beispielsweise Einsichten, Irritationen, Vorsätze zum Seminar.

Der Lernpartner ist Zuhörer, Berater, Begleiter und Katalysator. Er ermöglicht ein Probehandeln, er gleicht aus und ermutigt. Die Lernpartnerschaft ist eine kleine Koalition des Vertrauens innerhalb eines vielleicht unübersichtlichen Seminargeschehens, Rückzugsort bei Kümmernissen und oft Beginn einer das Seminar überdauernden Freundschaft.

16 Patenschaft

Der Pate hilft, eigene Unarten zu entdecken

Ein Feedback zu erhalten und sich davon berühren zu lassen ist eines – die entdeckte Eigenart zu beeinflussen etwas ganz anderes. Es bewährt sich oft, dass jemand, der einen Vorsatz fasst, aus der Gruppe einen Helfer wählt, der ihn mit einem unauffälligen Zeichen jedes Mal auf die Unart aufmerksam macht, wenn sie eintritt: das langatmige Reden, das Unterbrechen der anderen, das Abschweifen der Gedanken, die wichtigtuerische Pose, der Rückzug ins Schneckenhaus, das beleidigt-vorwurfsvolle Schweigen, die lähmende, mit stiller Wut gepaarte Ohnmacht usw. So erfährt der Betreffende genauer, in welchen Situationen und wann dieses Verhalten bei ihm auftritt und wie er es loslassen kann. Dabei ist aufschlussreich, wen er um diese Unterstützung bittet, wie dieser die Aufgabe wahrnimmt und wie der Feedback-Empfänger auf die Hilfestellung reagiert.

Manchmal ist es zweckdienlich, dass zwei Gesprächspartner sich gegenseitig als Paten zur Seite stehen, vielleicht bei Themen, von denen sie in gleicher Weise betroffen sind oder bei denen sie sich komplementär ergänzen.

17 Nähe und Distanz

In Zusammenleben und Zusammenarbeit taucht oft die Frage auf, wie Menschen ihre Wünsche nach Nähe und Distanz miteinander abstimmen können. Es gilt: Zu rasche Annäherung und zu viel Nähe erzeugen Fluchtimpulse. Aber Rückzug und Distanz führen zu Kühle und Einsamkeit. Man kann, wenn man diese Frage klären will, beispielsweise zwei Personen bitten, sich in zwei Ecken eines größeren Raumes gegenüberzustellen und langsam aufeinander zuzugehen, sodass jeder von beiden den eigenen Wünschen, aber auch denen des anderen Rechnung trägt. In dieser Annäherung wird sichtbar, wer die Sache überstürzt, wer zurückschreckt und zögert, wer sich ganz vom anderen abhängig macht und darüber den eigenen Impuls aus den Augen verliert usw.

18 Begegnung und Trennung

Die Übung 17 kann fortgeführt werden, indem die beiden Partner aneinander vorbeigehen, sich dabei weiter ansehen und nun – rückwärts gehend – Lösung und Trennung voneinander erleben. Hier ist entsprechend zu beobachten, wer die Trennung hinausschieben möchte und wem sie nicht schnell genug geht, bei wem Sehnsucht und Bedauern aufkommen und wer erst in der Entfernung wieder aufatmet.

19 Mit dem Rücken zur Wand

In einer anderen Variante steht ein Teilnehmer mit dem Rücken zur Wand, sowohl wörtlich wie auch im übertragenen Sinne. Der andere muss nun, während er sich nähert, allein die Verantwortung dafür übernehmen, dass die beidseitigen Wünsche nach Nähe und Distanz ausbalanciert Berücksichtigung finden. Oft empfinden beide anfänglich ein rasches Tempo der Annäherung als angenehm; wird aber ein Nahraum erreicht, so mag sich einer von beiden bedrängt oder bedroht fühlen, der andere sich in einen Zugzwang hineinmanövriert sehen. Diese und viele andere Feedback-Übungen sind von Bach und Bernhard (1972) beschrieben worden (vgl. auch Fengler 1985).

Ich erlebte es in einer Team-Beratung einmal mit, dass ein Vorgesetzter, während er auf Mitarbeiter engagiert und enthusiastisch einsprach, immer wieder deren Nahbereich überschritt. Dies empfanden die Kollegen als äußerst bedrängend, ohne genau zu wissen, in welcher Weise der Vorgesetzte sich ihrer bemächtigte. Als ich ihm einen kleinen Hinweis gab, waren alle erleichtert, und er konnte seine raumgreifende Motorik etwas zurücknehmen.

20 Fair Fight: Streiten verbindet

Wenn die Gesprächsfähigkeit zwischen zwei Partnern oder Kollegen grundlegend beschädigt ist, so bedarf es zur Verständigung bisweilen einer besonderen Anleitung und Begleitung. Der Fair Fight ist eine solche Gesprächshilfe in 20 Schritten. Der eine Gesprächspartner wird gebeten, erfüllbare, konkrete Wünsche zu äußern. Der Angesprochene soll zunächst überprüfen, ob er das Anliegen des Kollegen oder Partners verstanden hat. Überraschenderweise gibt es oft schon hier die erste Störung, weil die beiden verlernt haben, miteinander zu sprechen und einander zuzuhören. Dann wird der angesprochene Partner gefragt, ob er den Wunsch des Ersten erfüllen will und zu welchen Anteilen ihm dies möglich ist. Hier ist es an seinem Partner sicherzustellen, dass er ihn verstanden hat. Die Gesprächsübung endet mit einer gegenseitigen versöhnlichen Geste und dem konstruktiven Vorsatz, sich für eine bestimmte Zeitspanne um die Einhaltung der getroffenen Vereinbarung zu bemühen (Bach/Bernhard 1972; Fengler 1996).

Die hier genannten Beispiele für Feedback im Gespräch zu zweit stellen nur eine kleine Auswahl aller möglichen Übungen dar. Es gibt mittlerweile eine umfangreiche deutschsprachige Literatur, in der Hunderte von Vorgehensweisen beschrieben werden. Am befriedigendsten ist es für Seminarleiter und Seminarteilnehmer stets, wenn Übungen nicht aus einem mitgebrachten Sortiment einfach abgerufen und durchgeführt werden, sondern spontan in den Sinn kommen und gut zur Situation passen. Dann sind sie ein lebendiges Lehr- und Unterrichtsmaterial und ein Angebot zu einem gemeinsamen lebendigen Lernen.

Zwei Personen bezeichnet man in der Psychologie als Paar. Die Gruppe beginnt erst mit drei, auch wenn die Alltagssprache den Begriff »Zweiergruppe« benutzt. Aber diese Konstellation findet ihr Ende, sobald einer der beiden sie nicht mehr will und verlässt. Ist man dagegen zu dritt, so können, wenn einer ausscheidet, die beiden anderen immer noch als Paar eine (Arbeits-)Gemeinschaft bilden. Man kann sagen: Zwei Personen entwickeln eine *Paardynamik*, drei eine *Gruppendynamik*. Die Drei-Personen-Gruppe ist eine Konstellation, die eigene Möglichkeiten zum Feedback-Geben bereithält.

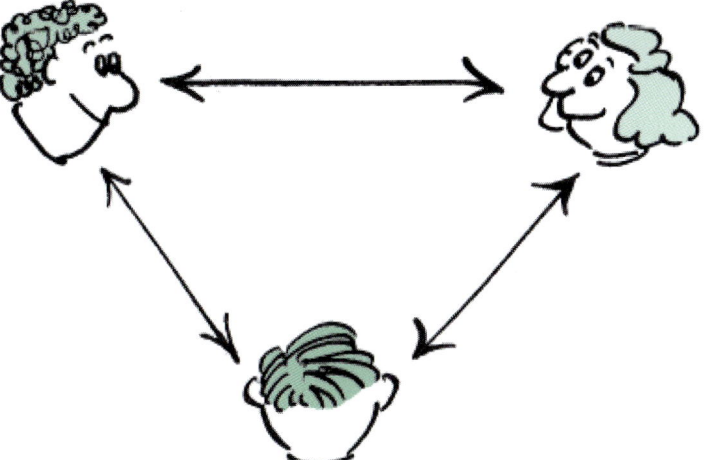

Feedback zu dritt

21 Drei – Zwei – Eins

Diese Übung gibt Gelegenheit, sich mit dem eigenen Stil der Kontaktaufnahme, des Werbens und Beharrens sowie der Reaktion auf Erfolg und Misserfolg auseinander zu setzen. Drei Teilnehmer stellen sich in verschiedenen

Ecken des Raumes auf und gehen dann langsam aufeinander zu mit der Absicht, unter Ausschluss des Dritten eine Paarbeziehung einzugehen. Sie dürfen sich mit Blicken und Gesten verständigen, ohne sich aber zu berühren und ohne zu sprechen. Die Übung ist zu Ende, wenn zwei sich gemeinsam aus der Mitte entfernen.

In den wenigen Minuten, die die Übung dauert, geschieht seelisch doch sehr viel: Wird man spontan gewählt oder gemieden? Findet die eigene Werbung Resonanz, oder stößt sie auf Desinteresse und bleibt unbeantwortet? Ergreift man selbst die erste Gelegenheit zur Paarbildung, ohne überhaupt zu prüfen, ob man diesen Partner will? Entwertet man die Übung, um nicht rivalisieren zu müssen? Macht man das Werben durch Übertreibungen und Faxen zur Farce? Reagiert man auf eine Annäherung der beiden andern mit vermehrtem Bemühen, mit raschem Rückzug, mit Selbstmitleid oder Apathie? Umwirbt man erst den einen, steigt dann aber schnell auf die Werbung bei dem anderen um, wenn dieser sich als williger erweist? Melden sich, wenn der Zusammenschluss gelungen ist, Stolz oder Überheblichkeit, Mitleid oder Schuldgefühle dem Abgewiesenen gegenüber? Reagiert der Übriggebliebene neidisch, gelassen, verkrampft, depressiv oder frustriert, tapfer usw.? Alle diese Gesichtspunkte können sowohl für die persönliche Partnerschaftsgestaltung als auch für Beziehungen unter Kollegen und zwischen Vorgesetzten und Mitarbeitern von Bedeutung sein. Ihre Klärung wird manchem Menschen bei der Selbsteinsicht und der Verbesserung seiner Beziehungen helfen (vgl. Bach/Bernhard 1972).

Generell erweist sich eine Gesprächshilfe, die jemand *nicht* annehmen kann, manchmal als das allerbeste Feedback. So ist vorstellbar, dass sich jemand danach sehnt, einmal eigene Wünsche und Forderungen zum Ausdruck zu bringen; wird ihm dies aber vom Gruppenleiter ermöglicht, so fällt ihm vielleicht nichts Passendes ein. Daran mag er erkennen, dass nicht die fehlende Gelegenheit zum Wünschen und Bekommen sein Problem ist, sondern die gehemmte Fähigkeit dazu.

Strategie 3:
Eine bzw. einer wendet sich an alle

Manchmal möchte ein Teilnehmer jedem anderen ein Feedback geben; aber es fehlt ihm das Ausdrucksmittel dazu. In solchen Fällen ist es gut, wenn die Gruppenleiterin oder der Gruppenleiter eine Kommunikationshilfe anbieten. Optisch sieht dieser Vorgang folgendermaßen aus:

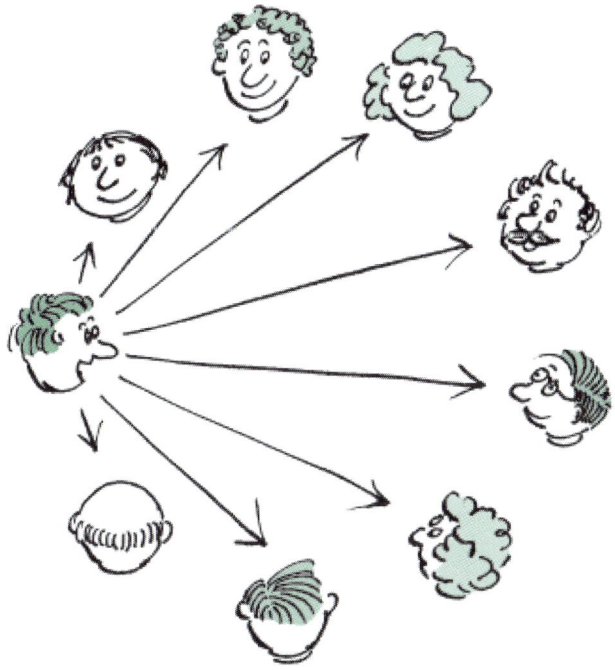

Auf diese Weise gewinnt ein Teilnehmer für einige Zeit eine zentrale Position und kann viele Eindrücke gleichsam in einem Aufwasch mitteilen. Dies ist zum Beispiel dienlich, wenn sich jemand bisher wenig beteiligt hat, eine von der Gruppennorm abweichende Meinung vertritt, eine Außenseiterposition einnimmt oder in eine Sündenbock-Rolle hineinzugeraten droht. Es kann auch sinnvoll sein, einen Teilnehmer in diesem Sinne gezielt anzusprechen, von dem der Gruppenleiter sich eine besonders meinungsbildende oder klärende Äußerung erhofft.

22 Kaufhaus

Diese Übung dient dazu, Teilnehmern, die sich im unmittelbaren Aussprechen ihrer Eindrücke schwer tun, eine bildhafte Anregung an die Hand zu geben. Die Instruktion kann etwa lauten: »Stellen Sie sich vor, Sie sind in einem Kaufhaus (oder auch: in einem Delikatessengeschäft – im Zoo – im Wald – im Gebirge – in der Großstadt – in einer Werkshalle – in einem Großraumbüro – in einem Forschungsinstitut usw.) und möchten jedem Mitglied dieser Runde etwas mitbringen, was zu ihm passt.« Dann macht es einen Unterschied, ob man ein Porzellanväschen oder eine Bohrmaschine, eine Gänseleberpastete oder eine dicke Fleischwurst, einen Pflasterstein oder eine Haschischzigarette mitgebracht bekommt. Andererseits sind die Bilder, die hier zur Verfügung stehen, mehrdeutig, sodass spätere Erläuterungen oft unerlässlich sind.

23 Fantasie gemeinsamen Handelns

Kann jemand seine Beziehung zu den anderen Gruppenmitgliedern nur schwer beschreiben, dann hilft manchmal der Vorschlag sich vorzustellen, was er mit den verschiedenen Gruppenmitgliedern in seiner Fantasie gern tun würde. In nur wenig bildhaft verkleideter Form ist es dann plötzlich möglich, Aggression und Zuneigung, Sachbezug und Rivalität, Desinteresse und Zärtlichkeit, Dominanz und Fürsorglichkeit zu äußern.

So versteht wohl jeder die folgenden Äußerungen:

- ❖ Mit dir würde ich gern
  - im Boxring stehen;
  - eine Urlaubsreise machen;
  - in unterschiedlichen Stadtteilen wohnen.
- ❖ Dir würde ich gerne bei einer Stellenbewerbung vorgezogen.
- ❖ Ich würde gerne dein Chef sein.
- ❖ Dir würde ich gerne eine Wunde verbinden.
- ❖ Dir würde ich gerne Bratkartoffeln zubereiten.
- ❖ Ich würde dich gerne in einem Prozess verteidigen usw.

Manchmal geht dabei die Fiktion unmerklich in Realität über. So versuchte einmal ein Gruppenteilnehmer, besonders charmant zu sein, indem er zu einer Teilnehmerin sagte: »Ich würde Sie gern als Lehrling in meinem Institut einstellen.« Das meinte er ziemlich ernst. Aber er verriet dabei unabsichtlich zugleich, in welchem Macht- und Abhängigkeitsgefälle er die Beziehung sah.

Ein sehr verwirrter Teilnehmer fragte seine Gruppenleiterin, an deren Zuverlässigkeit er zweifelte: »Würden Sie es wagen, mit mir Kafka zu lesen?«

Diese Umwegäußerungen dienen nicht nur dem, der sie ausspricht. Auch der Empfänger mag, je nachdem, für welche gemeinsame Tätigkeit er in Anspruch genommen wird, darin Vielfalt oder Begrenztheit seines aktuellen Erscheinungsbildes gespiegelt sehen.

Es ist gut, wenn nach einem Feedback, das ein Mitglied reihum an alle anderen richtet, Raum für eine Antwort gegeben wird. Das Feedback an alle soll nicht nach dem Gießkannenprinzip erfolgen, sondern Gelegenheit geben, mehrere Eindrücke gleichsam in einem Schwung mitzuteilen. Aber der Vorgang bleibt dialogisch: Die Empfänger sollen sorgsam hinhören und selbst auch auf das Feedback antworten.

24 Gesichterlesen

Wer sich nicht zu äußern vermag oder im Gespräch an einer Stelle wahrnehmbar stockt, macht dies manchmal aus allgemeiner Sprechangst heraus. Vielleicht stößt er bei dem Thema an eine Tabugrenze oder er meint, dass er den Erwartungen der Anwesenden nicht entsprechen könne. In solchen Fällen gilt die Regel »Resistance first!« – das heißt, es empfiehlt sich für den Gruppenleiter, nichts zu erzwingen, sondern den Widerstand oder die Barriere zu untersuchen, die den Teilnehmer daran hindert, so zu handeln, wie er es möchte.

Ich bitte den Betreffenden also, die Gesichter der Anwesenden einmal in Ruhe zu betrachten (statt sich weiter von ihnen einschüchtern zu lassen). Er soll die seelischen Regungen beschreiben, die er in ihren Gesichtern erkennt. Es handelt sich hier um die von allen verstandene Erlaubnis, die eigenen Projektionen öffentlich zu machen. Denn tatsächlich ist der Gesichtsausdruck stets mehrdeutig; wir können allenfalls erahnen, was in den anderen vorgeht.

Sprechangst überwinden

Die Äußerung dieser Anmutungen ist zugleich ein Feedback an die anderen Gruppenteilnehmer und eine Selbsterklärung: Sie verdeutlicht die Beziehungen in der Gruppe aufs Schönste. Mancher Schüchterne sieht sich nämlich von lauter überlegenen, ihn drohend oder verächtlich ansehenden Menschen eingekreist und erfährt erst aus deren Antwort, dass dies zwar *seine* Angst, nicht aber *ihr* Erleben ist. Andere heben auf die Aufforderung hin, einmal genau hinzusehen, zum ersten Mal den Blick und nehmen sich die Muße wie auch den Mut, die Gesichter der anderen auf sich wirken zu lassen. Sie entdecken unter diesen entlastenden, ihnen eine Gleichrangigkeit ermöglichenden Bedingungen Neugier, Wärme und Aufgeschlossenheit im Mienenspiel der anderen. Dies wird von diesen in der Regel auch bestätigt. Oder es gelingt dem ängstlichen Teilnehmer mit feinem Gespür, Nuancen von Aufgeschlossenheit und Akzeptanz zu benennen, die ihm aus der Gruppe entgegengebracht werden. Dann macht seine Äußerung sein Beziehungsnetz sichtbar und gibt ihm die Sicherheit, die er zu weiteren Äußerungen benötigt.

25 Zauberstab

Die Intervention »Körpersprache« eignet sich auch, wenn weder Gruppenleiter noch Gruppe genau wissen, an welchen Punkt die Gruppe steht. Fest steht nur, dass eine gewisse Stagnation oder Blockierung eingetreten ist.

Blockierungen beheben

Ich bitte in solchen Momenten manchmal darum, dass jeder Teilnehmer die Körperhaltung beibehält, die er in diesem Moment gerade einnimmt – wie von einem Zauberstab berührt –, und Auskunft über die Frage gibt, was er in ihr über seinen momentanen seelischen Zustand erkennt. Einige Teilnehmer versuchen dann noch heimlich und hastig kleine Korrekturen in Richtung Lockerheit und Interesse vorzunehmen, was natürlich bemerkt wird. Die meisten können aber klar und glaubwürdig Auskunft darüber geben, wie sie eine »abwartende Haltung« eingenommen hatten und andere die Arbeit machen lassen wollten; oder wie sie träge und schlaff im Stuhl hingen; oder wie ihre Blicke zum Fenster hinausgewandert sind zu dem Geschehen draußen.

Die Mitteilung dieser Deutungen – und es ist wichtig, dass nur der Betreffende selbst seine Körpersprache interpretiert – macht meist schon alle wach und präsent.

Wenn ich ein Übriges tun will, bitte ich darum, nun diejenige Körperhaltung zu wählen, die den Teilnehmern der Tageszeit und dem Anlass gemäß erscheint. Dies führt zu Dehn- und Streckübungen, zu straffer Haltung, zu übertrieben vorgeführter Gefügigkeit oder zu seufzendem Zusammensinken – und auf jeden Fall zu einer Auffrischung der Gemüter. Die Blockierung ist überwunden.

26 Spaziergang im Gruppenwald

Eine andere Form, die Beziehung zu allen anderen Gruppenmitgliedern auszudrücken, besteht darin, die Teilnehmer in Bäume und Büsche zu verwandeln und gezielt im Gruppenraum zu verteilen. Es macht dann durchaus einen Unterschied, ob jemand als knorrige Eiche oder als schlanke Pappel, als Schlingpflanze oder als Gebüsch, als Dornenhecke oder als weiches Moos in die Szene eingewiesen wird. Am Ende ist derjenige, der die Aufstellung vorgenommen hat, eingeladen, in seinem Wald einen Spaziergang zu machen, mit den anderen Teilnehmern Kontakt aufzunehmen, sich einen ihm zusagenden Platz zu wählen und sich auch selbst eine Bezeichnung zu geben, die zu der Gruppierung im Wald passt. Auf diese Weise ist sichergestellt, dass das Feedback nie zur Diagnostik über die anderen wird, sondern immer die eigene Person einbezieht.

Beziehungen zu den anderen Gruppen demonstrieren

27 Schweifende Gedanken

In anderen Momenten sind nicht Ermüdung oder Desinteresse für die Inaktivität der Gruppe verantwortlich, sondern die Tatsache, dass das Denken durch viele andere Ereignisse davon abgelenkt ist, sich dem gegenwärtigen

Gruppengeschehen zu widmen. Man erkennt dies an leeren oder in eine vage Ferne schweifenden Blicken, intensivem Betrachten des Teppichmusters oder einem träumerischen Gesichtausdruck. »A penny for your thoughts« sagt man im Englischen. Eine Intervention kann etwa in Form der Bitte formuliert werden, den Gedanken weiterzuspinnen, den jeder gerade verfolgt, und diesen nach einiger Zeit der Gruppe mitzuteilen.

Das Feedback an alle Gruppenteilnehmer erfolgt hier über die Annahme und die Erlaubnis, gedanklich die Hier-und-Jetzt-Situation zu verlassen. Die Mitteilungen geben sowohl über die momentane seelische Situation der Teilnehmer wie über ihre Verhältnis zur Gruppe Auskunft. Mancher hat in Trotz und Ingrimm geschwiegen, manch anderer, weil berufliche Aufgaben ihn okkupieren; oder die Gruppensituation erscheint als lästige Pflicht, vor der jemand in seinen Fantasien an einen sonnigen Palmenstrand ausweicht. Wenn solche Abschweifungen, oft in einer Mischung aus Scham (wegen des Ertapptseins) und Belustigung (wegen des eigenen Erfindungsreichtums, sich aus der hiesigen Situation herauszumogeln) sanktionsfrei geäußert werden können, so hat die Gruppe danach meist den Kopf frei für das aktuelle Geschehen.

Dies gilt für die ganze Gruppe wie auch für einzelne Teilnehmer. Ein Gruppenmitglied äußerte einmal, er könne sich gar nicht auf das Gruppengeschehen konzentrieren, weil er immerfort an seine Frau denken müsse, die er krank zu Hause zurückgelassen habe. Ich schlug ihm vor, nach Hause zurückzukehren oder aber zu bleiben. Wenn er bleiben wolle, solle er diesen Gedanken immer freien Lauf lassen und sich also gedanklich nach Hause begeben, so oft ihm danach zumute sei. Danach erschien er viel gelöster als zuvor und konnte in guter Präsenz an dem Seminar teilnehmen.

28 Pairing im Kreis

Eine andere Form, einem zögernden oder gehemmten Teilnehmer das Sprechen zu ermöglichen und ihn in den Feedbackprozess der Gruppe einzubeziehen, klingt zunächst etwas paradox, erweist sich aber oft als sehr hilfreich.

Wenn ein Teilnehmer der Runde meint, er können in der Gruppe etwas nicht äußern, so bitte ich ihn, einmal in die Runde zu blicken und herauszufinden, wem er die anstehende Sache denn unter vier Augen sagen könne, wer also gewissermaßen die Ausnahme von der hemmenden oder Furcht erregenden Ausstrahlung der Gruppe sei. In der Regel gelingt es dem derart Gefragten, eine Antwort zu finden. Manchmal nennt er mich als Gruppenleiter, machmal auch ein anderes Gruppenmitglied. Ich bitte ihn dann, nur diese eine Person anzusehen und den fraglichen Sachverhalt nur ihr zu sagen. Und nun passiert das Überraschende: Was er eben noch nicht sagen konnte, geht ihm nun flüssig über die Lippen, wiewohl er ja sieht, dass alle anderen doch weiterhin noch da sind und alles hören, was er sagt.

Dennoch ist der Vorgang leicht zu verstehen. Mit der Benennung der einen, ihm ein wenig vertrauten Person, eben der »Ausnahme von der Regel«, hat er sich einen Verbündeten geschaffen, der ihm im Falle einer Auseinandersetzung mit der Gruppe vielleicht helfen wird: Er hat ihn ja mit seiner Wahl vor den anderen ausgezeichnet. Zugleich richtet er, indem er zwischen dem einen und den anderen unterscheidet, ein Feedback an alle, zu dem diese wiederum Stellung beziehen können.

Teilnehmern das Sprechen erleichtern

Manchmal liegen wirklich phobische Erwartungsängste vor. Oder dieses Zögern hat den Charakter eines Kokett-Sich-Zierens und der Wichtigtuerei. Zu beidem nimmt die Gruppe oft in menschlich kompetenter Weise korrigierend Stellung.

In einem Fall der Art »Wichtigtuerei« erteilte einmal ein Gruppenleiter einem Teilnehmer eine drastische, aber nachdrückliche Lehre. Es handelte sich um eine Therapiegruppe in einer Suchtklinik. Dieser Patient hatte immer dies und das an der Gruppe auszusetzen, was ihn daran hinderte, sich am Gespräch zu beteiligen. Er äußerte sich stets in sehr vorwurfsvoll-forderndem, unzufriedenem Tonfall und ohne Aussicht, dass man seine Wünsche würde befriedigen können. Da äußerte der Therapeut: »Wenn Sie im Winter auf einem tiefen See ins Eis einbrechen und zu ertrinken drohen, und es kommt jemand vorbei, der Ihnen helfen könnte: Rufen Sie dann um Hilfe oder fragen Sie den Spaziergänger zuerst nach Name, Alter, Geschlecht, Religion und Herkunft?« Kleinlaut und wohl ahnend, was auf ihn zukommt, antwortete der Klient, er würde wohl um Hilfe rufen und jede Hilfe annehmen.

Da sah ihn der Therapeut freundlich an und sagte: »Sie sind ins Eis eingebrochen. Hier im Kreis sitzen die einzigen Helfer, die Ihnen helfen können.« – Da vermochte der Klient die unsinnige, aus Trotz und Riesenansprüchen gespeiste Fehlhaltung aufzugeben und sich am Gespräch zu beteiligen.

Strategie 4:
Ein Mitglied spricht die Gruppe an

Manchmal möchte eine Teilnehmerin oder ein Teilnehmer die Gruppe als Ganze ansprechen. Dem sollte nach Möglichkeit Raum gegeben werden. Denn ein solcher Impuls ist oft originell und treffsicher. In anderen Fällen hat der Gruppenleiter selbst den Wunsch, einem – vielleicht besonders zurückhaltenden – Gruppenmitglied Raum für eine Äußerung an die ganze Gruppe zu geben.

In beiden Fällen entsteht die folgende Konstellation:

29 Gruppen-Traum

Es kann passieren, dass in dem Augenblick, wo der Seminarleiter ansetzt, eine Instruktion zu geben, ein Teilnehmer mit einer grundsätzlichen Erklärung beginnt oder von einem Traum berichtet, den er in der vergangenen Nacht gehabt hat. Was ist dann zu tun? Übergehen kann man eine solche persönliche Mitteilung nur schlecht; Elastizität ist gefragt. Ein Teilnehmer berichtet also:

> *Er befand sich inmitten einer Schar lärmender Italiener, und er beneidete diese um ihre ungehemmte, ausgelassene Fröhlichkeit.*
>
> *Dieser Traum war nun gewiss auf sehr vielfältige Weise interpretierbar. Aber als wir uns mit Eifer daranmachten, dem Teilnehmer klarzumachen, was er damit unbewusst habe zum Ausdruck bringen wollen, sagte die Gruppenleiterin völlig ungerührt von unseren klugen Deutungen: »Was will der Traum denn der Gruppe sagen?« Da saßen wir etwas belämmert mit unserem therapeutischen Eifer, der dazu gedient hatte, den Traum von uns selbst fern zu halten. Aber nach einer kurzen Zeit des Trotzes eigneten wir uns die Formulierung »Die Italiener« an und benutzten sie in der Folgezeit als Chiffre für die in unserer ganzen Gruppe verbreitete Ambivalenz zwischen temperamentvoller Unbekümmertheit und vornehmer therapeutischer Gehemmtheit.*

30 Gruppen-Positionierung

Teilnehmern, die sich in der Beziehungsklärung schwer tun, kann man vorschlagen, ihre Haltung und Stellung der Gruppe gegenüber durch ein auf sie zentriertes Soziogramm im Raum auszudrücken. Sie mögen nach einem für sie bedeutsamen Kriterium, beispielsweise Vertrautheit gegen Distanz, Zuneigung gegen Gleichgültigkeit oder Abneigung usw., die anderen Gruppenmitglieder im Raum verteilen, sodass jeder erkennbar einen eigenen unterscheidbaren Platz erhält. Anschließend erläutert der Betreffende sein Arrangement; die anderen Teilnehmer haben Gelegenheit, seine Festlegungen zu bestätigen oder sich ihrerseits in Beziehung zu ihm so im Raum zu stellen, wie es *ihren* Wünschen entspricht. Manchmal gelingt es jemandem, dabei auch weitere wichtige Beziehungen zwischen Gruppenmitgliedern zu

Soziogramm auf den jeweiligen Teilnehmer zentriert

verdeutlichen, Subgruppen und geheime Koalitionen herauszustellen und Aspekte aus der Hierarchie der Gruppe sichtbar zu machen.

31 Schuh-Soziogramm

Die vorangegangene Übung existiert in einer Variante, die als »Schuh-Soziogramm« bezeichnet wird: Ein Teilnehmer lässt sich von jedem der anderen Gruppenmitglieder einen Schuh geben und verteilt diese nach einem frei gewählten Kriterium so im Raum, dass seine Wahrnehmung der Gruppe darin zum Ausdruck kommt.

Es handelt sich dabei aber um eine etwas reduzierte Form. Die Positionierung der Gruppenmitglieder selbst im Raum ist demgegenüber im wörtlichen wie im übertragenen Sinn erheblich bewegender.

32 Skulpturarbeit

Gruppenskulptur als Kommunikationshilfe

Die Gruppenskulptur ist als Komposition aller Gruppenteilnehmer zu einer gemeinsamen Szene eine Variation der Gruppenpositionierung. Dabei können Körperhaltungen und Posen, persönliche Eigenheiten, Beziehungsstränge, Tätigkeiten, Bewegungsstereotypien usw. im Vordergrund stehen. Es mag auf diese Weise eine Art Laokoon-Gruppe entstehen oder ein Picknick im Wald, ein Sportverein, eine formlose Masse oder eine Hierarchie von Herren und Knechten – oft eine sehr lustbetonte, von Heiterkeit begleitete Inszenierung. Die Gruppenskulptur ist oft eine Hilfe für Teilnehmer, die sich sprachlich weniger gut ausdrücken können, aber doch eine klare Vorstellung von den Beziehungen in der Gruppe haben (vgl. dazu König 1996).

Die Gruppenskulptur ist historisch aus den Marathongruppen von George Back und aus der in der systemischen Arbeit bekannten Familienskulptur hervorgegangen. Dort geht es darum, die eigene Familie unter einer Mehr-Generationen-Perspektive im Raum zu rekonstruieren und aufzustellen, unter Einschluss Verstorbener, Verschwundener, Abgetriebener oder durch Geheimnisse unsichtbar gewordener Angehöriger. Entsprechend bewegend ist eine solche Aufstellung in der Regel.

Auch in der Gruppe ist diese Gefühlsintensität oft spürbar. Mancher Gruppenteilnehmer, der eine Skulptur erstellt, entdeckt plötzlich, dass er wieder die gleiche – geliebte oder gehasste – Position einnimmt wie früher in der Familie, und erfährt erstmalig, dass er in anderen Lebensbezügen die von ihm selbst geschaffenen oder geduldeten Verhältnisse beeinflussen kann.

Eine Vorübung zur Gruppenskulptur, die Sie selbst durchführen können, besteht darin, die Namen der Mitglieder einer für Sie wichtigen Gruppe zu notieren und Ihre Stellung in einem gemeinsamen Raum (Konferenzraum, Arbeitsessen im Restaurant, Spielplatz) mit einer jeweils charakteristischen Haltung sichtbar zu machen. Die bildhafte Darstellung lässt Seiten der Personen sichtbar werden, die uns bisher allenfalls vage bewusst waren.

Namen der Gruppenmitglieder:

Bildhafte Darstellung:

33 Unterlassen statt Handeln

Traditionell betrachten wir das Feedback-Geben als einen aktiven Vorgang. Aber manchmal ist gerade das Nichtstun oder Nicht-Mittun ein besonders wichtiges Feedback.

Manche Gruppen schielen geradezu nach dem Gruppenleiter und nehmen an, mit der Gruppenarbeit sei alles in Ordnung, solange er nicht eingreift.

In einem Fall aber schwieg der Leiter einer sehr redefreudigen, rivalisierenden Gruppe einen ganzen Tag lang vollständig. Mitten in das Geplapper hinein sagte er, als ein Gruppenmitglied unter allgemeiner Zustimmung klagte: »Nun geben wir uns doch seit vier Sitzungen redlich Mühe, etwas zustande zu bringen!«, plötzlich: »Ja? Ist das so?« Da merkten alle, wie viel »Wortmüll« sie da in einem fort produziert hatten.

Im nächsten Kapitel sehen wir uns den Vorgang des Feedbacks aus der entgegengesetzten Perspektive an: Die Aufmerksamkeit der gesamten Gruppe wendet sich einem einzelnen Gruppenmitglied zu.

Strategie 5:
Alle wenden sich an eine bzw. einen

Im Gespräch zwischen zwei Personen kann sich das Feedback in besonderer Weise entfalten. Ruhe und Intimität der Begegnung können Offenheit und Vertiefung fördern. Aber das Gespräch mag auch in Plauderei und Konversation abschweifen; die mitgeteilten Wahrnehmungen werden nicht in einem sozialen Vergleichsprozess validiert. In der größeren Öffentlichkeit der Gruppe sind Risiken und Chancen entgegengesetzt verteilt. Manches wird vielleicht nicht oder erst später zur Sprache kommen, weil man zunächst prüft, wie tragfähig die Gruppe ist. Aber mehrere Augen sehen mehr; die Gruppe hat eine besondere Fähigkeit, Realität treffsicher zu definieren und Einseitigkeiten zu korrigieren (Fengler 1996).

Die Übungen der vierten Strategie (vgl. Seite 58ff.) beschrieben Möglichkeiten eines Gruppenmitglieds, der ganzen Gruppe ein Feedback zu geben. Oft ist aber der entgegengesetzte Vorgang wünschenswert.

Dabei können sich ganz verschiedene Gründe und Anlässe ergeben, dass die ganze Gruppe sich im Feedback auf *ein* Mitglied konzentriert. Entweder bittet der Betreffende selbst darum, oder es ist eine Polarisierung zwischen ihm und den anderen eingetreten, in der es zu Prozessen kollektiver Idealisierung oder Ausgrenzung kommt. Oder der Betreffende behindert aufgrund eigener Blinder Flecken und aus Mangel an sozialer Kompetenz erkennbar die Gruppenarbeit.

Wenn sich das Feedback an den Gruppenleiter wendet (vgl. auch Strategie 13), möglicherweise auch auf dessen Vorschlag hin, so mag es in besonderer Weise Einblick in seine Arbeitsweise wie auch in die Situation und die Bedürfnisse der Gruppe geben und Grundlage für die nächsten Planungen und Entscheidungen werden.

Grafisch gehen wir hier von folgendem Bild aus:

34 Hot Seat, Heißer Stuhl

Diese Übung gibt Gelegenheit dazu, gestaute Aggressionen in kontrollierter Form zu äußern und so ein Hindernis in der Gruppenarbeit zu beseitigen. Ein Mitglied der Gruppe oder auch der Gruppenleiter selbst nimmt auf dem Heißen Stuhl (dies ist eine abschwächende Übersetzung, denn Hot Seat heißt eigentlich »Elektrischer Stuhl«) Platz, räumlich etwas abgegrenzt vom Rest der Gruppe.

Danach besteht für eine vereinbarte Zeit, beispielsweise fünf Minuten, Gelegenheit, dem Betreffenden mit Worten alles an den Kopf zu schleudern, worüber man sich in letzter Zeit an ihm geärgert hat, subjektiv, emotional und beliebig ungerecht. Es handelt sich hier also um eine ritualisierte Form von Aggression und Katharsis. Zunächst ist stets die Zustimmung des Betreffenden einzuholen. Der Gruppenleiter wird sich an der allgemeinen Beschimpfung nicht beteiligen, außer, indem er die Vorgehensweise einmal demonstriert. Danach wird er sich zurücknehmen und aus einer gewissen neutralen Distanz heraus die Regie für den weiteren Verlauf übernehmen. Dabei hat er sorgsam seine Motive daraufhin zu überprüfen, warum er *diese* Übung zu *diesem* Zeitpunkt für *diesen* Teilnehmer angeboten hat. Jedenfalls soll er sichergehen, dass er nicht eine Aggression an die Gruppe delegiert, die er selbst dem Betroffenen gegenüber empfindet.

Zum Abschluss wird das Mitglied in Form einer allgemeinen Umarmung wieder in den Kreis aufgenommen, damit für alle erlebbar wird, dass mit dem Ende der Übung auch das Ende der Zurückweisung eingetreten ist.

35 Energiefeld

In einer Gruppe, in der Mattigkeit oder Destruktion herrschen, ist es manchmal möglich, auf folgende Weise neue Kräfte zu mobilisieren: Männer und Frauen oder zwei nach einem anderen gegenwärtig wichtigen Kriterium zusammengestellte Teilgruppen setzen sich in zwei konzentrische Kreise. Zum Beispiel übernehmen die Frauen den Innenkreis, die Männer den Außenkreis. Einer der Männer nimmt nun im Kreis der Frauen Platz. Alle Frauen sagen ihm spontan alles, was ihnen an ihm gefällt und imponiert. Dann macht er dem nächsten Adressaten Platz. Danach tauschen Männer und Frauen den Kreis. Nun erfahren die Frauen eine nach der anderen, was den Männern an ihnen Eindruck macht.

Neue Kräfte mobilisieren

Die Übung stellt gleichsam einen kollektiv inszenierten Ego-Aufbau dar. Gewisse Probleme dürften sich mit der Ehrlichkeit ergeben: Die Übung beruht eben nicht, wie der Hot Seat, auf unzensierten Affekten, sondern strebt selektiv eine gegenseitige Stärkung der Teilnehmerinnen und Teilnehmer an, was manchmal zu Übertreibungen und Halbwahrheiten führen dürfte.

36 Supervision durch alle

In Supervisions-Gruppen lässt sich die Fachkompetenz der Teilnehmerinnen und Teilnehmer unter anderem dadurch nutzen, dass man sie bittet, eine Funktion als Mit-Supervisoren zu übernehmen.

Der Team- und Gruppen-Supervisor steht aber dann bisweilen vor der Situation, dass ein Supervisand aus einer Fallarbeit bis zu einem bestimmten Punkt berichtet, bis ihm – Auge in Auge mit dem Klienten – plötzlich nichts mehr einfiel. In einem solchen Augenblick neigen Mit-Supervisanden gelegentlich dazu, sich aus dem Geschehen auszuklinken. Denn ihnen fällt oft auch nichts ein, und sie sind froh, dass jetzt nicht sie selbst, sondern der Kollege sich in dieser misslichen Lage befindet.

Ich exploriere dann meistens die Situation mit dem Supervisanden, der den Fall vorgetragen hat, noch einmal etwas detaillierter, bis ich verstanden habe, an welcher Stelle genau und bei welcher Äußerung er seinerzeit stockte. Dann spielt er die Szene mit der Hälfte der Supervisanden-Gruppe im Innenkreis. Nun sind die restlichen Mitglieder im Außenkreis gefordert, in der Rolle des Supervisanden eine Äußerung zu tun, die der angespielten Situation gerecht wird. Ich lasse nicht zu, dass jemand sagt: »Ich würde an dieser Stelle sagen …«, sondern ich bestehe auf wörtlichen Äußerungen, akzeptiere allerdings, dass jemand den Ball schweigend weitergibt, wenn ihm oder ihr wirklich nichts einfällt.

Unterschiedlicher Umgang mit schwierigen Situationen

Dieses Vorgehen zieht zahlreiche überraschende Wirkungen nach sich. Die Mit-Supervisanden sind aus ihrer Lethargie gerissen und in die Verantwortung genommen. Der Supervisand, der den Fall vorgetragen hat, sieht, dass eine solche Situation nicht nur ihm Schwierigkeiten bereitet, sondern auch den Kolleginnen und Kollegen aus dem gleichen Arbeitsfeld. Einigen Mitgliedern des Außenkreises fällt etwas Hilfreiches ein. Daran sehen alle, dass auf eine schwierige Situation mit sehr unterschiedlichen Fokussierungen reagiert werden kann.

Danach geben die Mitglieder des Innenkreises an, welche der Interventionen sie als hilfreich empfunden haben. Die stellvertretenden Gruppenleiter draußen erfahren so, wie ihre Intervention angekommen ist, und verfeinern, wiewohl es sich ursprünglich nicht um ihr eigenes Thema gehandelt hat, ihr Intervenieren in einer typischen Problemsituation.

Zuletzt teilt der Supervisand, der das Thema vorgestellt hat, uns mit, ob eine der Interventionen seiner Kollegen und gegebenenfalls welche ihm so zusagt, dass er sich vorstellen kann, sie bei seiner Zielgruppe in einer vergleichbaren Situation einmal im Wortlaut oder in abgewandelter Form zu benutzen. Auch dies ist eine Rückmeldung an alle, die ja ebenfalls über alle Äußerungen der Kollegen einschließlich der eigenen eine vergleichende Wertung abgegeben haben.

Ich selbst beteilige mich an dem Formulieren von Interventionen in der Regel nicht oder nur auf Anfrage bzw. manchmal als Letzter in der Runde. Für die Teilnehmer ist es gewiss von größerem Nutzen zu sehen, dass sie selbst wichtige Aspekte der Situation erfassen und in Interventionen umsetzen können, als festzustellen, dass ich dies kann. Manchmal ist eine wörtliche Äußerung von mir allerdings hilfreich, wenn sie allen anderen Interventionen gegenüber einen Perspektivenwechsel darstellt und auf einen Gesichtspunkt abhebt, den keine andere Äußerung berücksichtigt hat.

37 Sharing

Wenn im Psychodrama oder in einer anderen Form der Gruppenarbeit eine Spiel- oder Arbeitssequenz abgeschlossen ist, werden alle Teilnehmer gebeten, ihr eigenes »Angerührtsein« mitzuteilen, also Erinnerungen und Erfahrungen, Gefühle und innere Bilder, die sich spontan eingestellt haben. Für den Hauptbeteiligten wird dabei sichtbar: Ich bin nicht verrückt und auch nicht seltsam. Andere Menschen haben Ähnliches erlebt wie ich; dass ich von mir berichtet habe, hilft auch ihnen, ihre Erfahrungen hier erneut zu durchleben usw.

So stellt das Sharing, gerade indem es die Aufmerksamkeit vorübergehend von dem Protagonisten abzieht, für ihn eine Blickerweiterung und für alle eine Bereicherung dar. Es bindet alle Teilnehmer wieder in den Gruppenprozess ein, und zwar gerade dann, wenn sie während einer Einzelarbeit begonnen haben, sich innerlich aus dem Geschehen zurückzuziehen.

In dem auf Seite 44 geschilderten Beispiel von dem Gruppenteilnehmer, der sich von seinem Vorgesetzten bedrängt fühlt, berichten im abschließenden Sharing alle anderen Seminarteilnehmer von Ängsten und Erfahrungen der Unterlegenheit. Sie wählen dabei Begebenheiten aus Beruf, Freizeit und Familie und erwähnen dabei auch persönlich entwickelte Wege, wie sie sich aus solchen selbst erzeugten Sackgassen wieder herausgebracht haben. In allen Fällen steht dabei die Entscheidung im Vordergrund, selbst die Verantwortung für den Gang des Geschehens zu übernehmen und im eigenen Verhalten eine Neuorientierung vorzunehmen. Dies war ja auch der Wendepunkt in der Sichtweise des Vorgangs, den der Protagonist aus dem Rollenspiel mitnahm.

Die Zahl der Feedback-Äußerungen nimmt um ein Vielfaches zu, wenn jeder sich an jeden wendet. Davon handelt das folgende Kapitel.

Strategie 6:
Jeder richtet ein Feedback an jeden

Das Feedback zu zweit, vielleicht noch in der diskreten intimen Form des Gesprächs unter vier Augen, bleibt das Kernstück der zugewandten Beziehungsklärung. Manche Gruppenleiterinnen und Gruppenleiter entscheiden sich aber, dabei die vielfältigen Perspektiven der Gruppe simultan zu nutzen. Dies könnte im ungünstigsten Fall zu einer flachen Anhäufung von Vorurteilen führen. Oft ergibt sich aber bei mehrfacher Nennung ähnlicher Gesichtspunkte eine Bestätigung für einen Eindruck, den der Angesprochene abweisen würde, wenn nur eine Person ihn äußern würde. Grafisch ergibt sich hier folgendes Bild:

Wenn eine Gruppe zum ersten Mal zusammenkommt, kann man auf sehr unterschiedliche Arten beginnen: mit Einführungsvortrag, Vorstellung, schweigendem Sitzen oder einer Übung. Eine sehr fesselnde und informative Darstellung von Anfangssituationen findet sich bei Geißler (1997). Unter den Übungen wiederum befinden sich mehrere, die auf den ersten Eindruck Bezug nehmen.

38 Attraktion und Aversion

Gcrade wenn man es mit einer größeren Gruppe zu tun hat, also ab etwa 20 Teilnehmerinnen und Teilnehmern, kann man diese Übung gut einsetzen. Es werden zwei gleich große Kreise gebildet, wobei die Personen im Innenkreis nach außen und die im Außenkreis nach innen schauen. Die einander gegenüberstehenden Personen sagen sich gegenseitig etwas, was ihnen am anderen gefällt oder imponiert, und etwas, was sie hässlich oder unangenehm an ihr oder ihm finden. Ohne eine weitere Reaktion darauf abzuwarten, rücken dann alle Mitglieder des einen Kreises einen Platz weiter und tauschen mit dem nächsten Gesprächspartner erneut Attraktion und Aversion aus.

> »Es ist ein sonderbares Ding um den ersten Eindruck, es ist immer ein Gemisch von Wahrheit und Lüge im hohen Grad.«
> Johann Wolfgang von Goethe

Dieser Einstieg kann zwar etwas derb ausfallen, ist aber gleichzeitig sehr belebend. Eine Häufung ähnlicher Äußerungen mag ein recht zuverlässiges Bild von der unmittelbaren Wirkung einer Person entstehen lassen. Der Vergleich zwischen dem erstem Eindruck und der späteren Erfahrung ist eine gute Hilfe bei der Schulung der Menschenkenntnis. – Ein gewisser Nachteil ergibt sich daraus, dass die Öffentlichkeit ausgeschlossen ist. Der Feedback-Empfänger muss allein mit den Mitteilungen umgehen, die er erhält, hat allerdings Gelegenheit, das Gesagte von sich aus später in der Gruppe zu thematisieren.

39 Pantomime

Wenn eine Gruppe neu zusammenkommt, kann man dazu einladen, dass nacheinander jeder mit jedem oder für jeden anderen eine bestimmte Handlung oder Bewegung, einen mimischen oder pantomimischen Ausdruck, eine Geste oder Haltung ausführt oder einnimmt. Auf diese Weise kann der erste Eindruck oft lebendiger mitgeteilt werden als mit vielen Worten:

Vor einem älteren Personaltrainer, der durch seine massige Gestalt und seinen Schmiss auf der Backe auffiel, stellten sich mehrere andere Teilnehmer stramm auf. Einer riss den Arm hoch und grüßte mit »Heil Hitler!« Einige Teilnehmerinnen drückten sich an der Wand entlang von ihm fort oder huschten rasch an ihm vorbei.

Eine junge Frau erfuhr mehrmals Gesten des Mitleids und des Beschützenwollens. Dies war ihr keineswegs recht, bestätigte aber Erfahrungen, die sie auch sonst oft bei neuen Kontakten machte.

Ein Teilnehmer inszenierte bei dieser Übung sich selbst als Zirkusdirektor und ließ pantomimisch seine ebenfalls teilnehmende Frau als dressiertes Hündchen von einem Stuhl auf den anderen springen. Daran hatten sie später in der Gruppe noch lange zu arbeiten.

Oft sind diese Pantomimen der ersten Stunde in stereotyper Weise männlich oder weiblich geprägt; auch dies kann später besprochen werden und Korrekturen erfahren.

Problematisch ist an diesen Übungen, dass sie zwar ausschließlich den ersten Eindruck sichtbar machen *sollen*. Aber es gibt nach solchen Äußerungen leicht unkritische Nachfolgereaktionen, welche die ersten Mitteilungen bestätigen. So erfolgt leicht eine Festschreibung der spontanen Eindrücke für den Rest des Seminars: An dem Betreffenden wird später trotz besten Bemühens nichts anderes mehr wahrgenommen als etwa seine Neigung zum Rationalisieren, seine Managerhaftigkeit, seine kalte Logik, seine Betulichkeit, sein quengeliger Ton usw.

Gefahr: Der erste Eindruck manifestiert sich

40 Rollen-Feedback

Die Übung kann auch schriftlich erfolgen

Jeder Teilnehmer nennt jedem anderen einen Einfall oder Begriff, der sich ihm im Zusammenhang mit der Art und Weise aufdrängt, wie der Adressat in der Gruppe in Erscheinung tritt; oder nacheinander wird jeder Teilnehmer von allen anderen mit einer Äußerung belegt. So konzentriert sich die Aufmerksamkeit mehr auf den Sprechenden und dessen Wahrnehmungsspektrum oder aber auf den Empfänger der verschiedenen Einfälle. Die Übung kann jederzeit im Laufe des Gruppenprozesses und auch schriftlich durchgeführt werden. Stets macht sie sichtbar, welcher Aspekt der Person von außen vorrangig wahrgenommen wird. Zwischen den verschiedenen Mitteilungen zeigt sich oft eine hohe Übereinstimmung, aus der sich eine gewisse konsensuelle Validität der Beobachtungen ergibt.

In einem Seminar wurde über eine Teilnehmerin einmal geäußert:

Dornröschen; Abwarterin; Unsichtbare; Dornröschen; Beobachterin; Nippesfigur; die Maliziöse; die Sphinx; Dornröschen; Madonna; Zuschauer; Sphinx; Schatzkästlein; braves Mädchen; stilles Wasser; Exotin.

Über einen Gruppenleiter wurden folgende Äußerungen getan:

Emsiger Lehrer; sympathischer Profi; Deus ex Machina; der Verstehende; Lausbub; Talmud-Ausleger; Jagdhund; Wissen ist Macht; der Aussortierer; liebevoller Zyniker; Guru; edler Aufklärer; großer Vetter; Kapitän für große Fahrt; der Aufpassende; der gute Geist. Zehn Jahre später erhielt er in einem anderen Seminar folgende schriftliche Rückmeldungen: Der, dem man gespannt zuhört; Katze (sanft aber bestimmt auf Samtpfoten laufend!); wohl überlegte Rollenspiele; der ruhig Führende; Patron; glaubwürdig!; merkwürdig!; kompetent!; Impuls der Gruppe; Pflicht und lachen; der Beruhigende; Quelle; der Mercedes; Buddha; ruhender Pol; Politiker; der ältere Herr auf der Empore bei der Muppet-Show; Vater, Gelehrter, Berater, Redner.

Beide Reihen von Teilnehmeräußerungen sind im Grundtenor positiv. Beim Gruppenleiter-Feedback erkennt man in der zweiten Runde allerdings, dass die Teilnehmer ihn einer anderen Generation zurechnen und die Gefahr der Routine an ihm wahrnehmen.

41 Funktionsübernahme in der Gruppe

Das schriftliche Feedback kann unter unterschiedlichen Fokussierungen variiert werden. Aus der Perspektive des Gruppenprozesses heraus liegt es nahe, nach der Verteilung der wichtigsten Gruppenfunktionen zu fragen: Leistungsfunktion, Gruppenerhaltungsfunktion und Dysfunktion.

Jeder Teilnehmer erhält für jede Gruppenfunktion einige Karten, die er an andere Gruppenteilnehmer verteilen – oder auch verfallen lassen kann, um keinem Wahlzwang zu unterliegen. Es ist aufschlussreich, wer aus der Gruppe wie viele Voten von welcher Art erhält.

Diese Übung eignet sich besonders gut für einen kleinen Blick auf das eigene Team: Wen Ihrer Kolleginnen und Kollegen empfinden Sie (einschließlich Ihrer eigenen Person) in der Zusammenarbeit überwiegend als leistungsbezogen, wen als gruppenbezogen und wen als dysfunktional?

Namen der Teammitglieder
leistungsbezogen   gruppenbezogen   dysfunktional

Vielleicht haben Sie sich ein wenig geniert, die Kategorie »Dysfunktional« zu benutzen, weil Sie dies für eine zu scharf verurteilende, beschämende oder entwertende Stellungnahme halten. Leichter tun Sie sich damit vielleicht, wenn Sie sich sagen,

❖ dass es sich dabei nur um eine Ist-Aussage für die Gegenwart handelt,

❖ dass Sie sich damit nicht zum Richter aufspielen, sondern sich selbst Ihre persönliche Meinung vor Augen führen,

❖ dass Problemlösungen damit beginnen, dass man Problemen ins Auge sieht und sie benennt, und dass Sie ein wenig Einfluss darauf haben, ob die Dinge so bleiben, wie sie sind, oder einer Veränderung zugänglich werden.

42 Unerledigte Dinge

Abschied nehmen

Mit Seminarauswertung und Abschiedsworten im Kreis aller Seminarteilnehmer ist die Veranstaltung im Prinzip abgeschlossen. Einige Teilnehmer haben es dann eilig fortzukommen; andere haften noch ein wenig am Ort und an den Personen; mancher ist überrascht, dass sich enge Beziehungen entwickelt haben, obwohl es nur ein Seminar war.

Wie würden Sie in einem solchen Moment ein individuelles Abschiednehmen ermöglichen?

Eine ritualisierte Form des Abschiednehmens besteht darin, dass mit der Auflösung des letzten Plenums ein Marktplatz-Szenario eröffnet wird. Jeder geht einzeln umher und sagt ausgewählten anderen Anwesenden: »Was ich dir übrigens noch sagen wollte …« – und dann folgt das, was noch hier und jetzt ausgesprochen werden will, damit man es nicht mit nach Hause nimmt und es einem dann vielleicht unerledigt im Kopf herumgeistert. Manchmal kommen in solchen letzten Momenten noch überraschende Themen zur Sprache, eben Dinge, die auszusprechen man vor sich hergeschoben hat. In anderen Fällen werden Freundlichkeit und Wohlwollen vorherrschen, vielleicht sogar ein wenig über das Maß hinaus. Jedenfalls reist es sich damit danach leichter ab als ohne eine solche letzte Beziehungsverdichtung.

Strategie 7:
Selbstmitteilung in der Gruppe

Oft ist es angezeigt, dass jede Teilnehmerin und jeder Teilnehmer seine aktuelle Situation mit Stimmungslage, Wünschen und Überlegungen der ganzen Gruppe zur Verfügung stellt. Dies hilft, die Wechselwirkung zwischen Person und Gruppe zu erkennen, Arbeitshindernisse zu beseitigen, die gegenwertig wirksamen Gruppenkräfte zutreffend einzuschätzen und, darauf fußend, handlungsfähig zu werden.

Grafisch stellt sich diese Situation so dar:

43 Blitzlicht

Es gibt also mehrere Anlässe, sich einen kurzen Überblick über die momentane Gruppensituation zu verschaffen. Im »Blitzlicht« ist jeder Teilnehmer gebeten, seine und ihre Befindlichkeit mitzuteilen. Es soll sich dabei um die aktuelle Stimmungslage und den jetzigen Handlungsimpuls handeln. Jeder ist gebeten, sich kurz zu fassen. Am Ende des Blitzlichts ergibt sich aus der Rückmeldung *durch alle und an alle* für den Gruppenleiter die Möglichkeit, auf unerledigte Dinge aus der vorangegangenen Sitzung einzugehen, die jetzige Gruppensituation selbst zum Gegenstand des Gesprächs zu machen oder ein Thema vorzuschlagen, für das aus der Gruppe eine Präferenz erkennbar ist. Die Energie, die vielleicht abgeflacht war, kann auf diesem Wege ebenfalls wieder intensiviert werden.

Jeder äußert seine Befindlichkeit

Manche Gruppe tagt im Wochen- oder Monatsabstand und muss immer wieder versuchen, den Anschluss an eine länger zurückliegende Zusammenkunft zu finden. Dies gilt beispielsweise für Selbsterfahrungs-, Therapie-, Supervisions- und Projektgruppen. Man kann das Anknüpfen an die letzte Sitzung zur Gruppenaufgabe machen und der Gruppe überlassen. Oder man kann das Blitzlicht als Hilfestellung anbieten. Vor allem für Supervisionsgruppen empfiehlt sich dies.

Anknüpfung an die letzte Sitzung

Jeder Teilnehmer gibt also ein kleines Lebenszeichen von sich und macht eine Bemerkung über seine Arbeit seit der letzten Zusammenkunft. Oder er berichtet, wenn ein von ihm gestelltes Thema in der vergangenen Sitzung behandelt wurde, wie sich die Sache weiterentwickelt hat. Oder jeder meldet an, was er in dieser Sitzung vortragen möchte.

Wenn ein Thema abgeschlossen und ein neues nicht in Sicht ist, die Wünsche der Gruppe unklar oder Gestalt oder Energie der Runde undeutlich erscheinen, so ist ein Blitzlicht also oft eine Hilfe. Jeder Teilnehmer nennt seine aktuelle Gefühlslage, seinen Impuls oder seinen Wunsch. Oft zeigt sich darin, in welche Richtung die Arbeit weitergehen kann. Dieses Blitzlicht hat freilich eine Kehrseite. Es verrät, dass der Gruppenleiter den Rapport zum Gruppengeschehen verloren hat. Dies macht es der Gruppe leicht, etwas mechanisch wieder in die Gänge zu kommen, ohne über die Bedingungen nachzudenken, die zu dem Energieverlust geführt haben.

Das Blitzlicht kann gleichermaßen am Ende einer Arbeitssequenz stehen. Dann soll es sicherstellen, dass in die gruppenfreie Zeit nichts Unerledigtes,

Unausgesprochenes mitgenommen wird und dass der Gruppenleiter in etwa abzuschätzen vermag, mit welchen Gedanken und Gefühlen die Gruppe auseinander geht. Hier hat es eine gewisse Ähnlichkeit mit dem Sharing (Übung 37).

44 Erhebung der Lernwünsche

Nehmen wir einmal an, Sie wollen ein Seminar zu einem klar definierten Thema durchführen, zum Beispiel über Organisationskultur, Burnout, Supervision, Suchtprävention usw. Sie haben den Stoff inhaltlich und methodisch in schlüssiger Themenfolge vorbereitet. Ein gewisser Unsicherheitsfaktor bleibt die Gruppe der Teilnehmerinnen und Teilnehmer. Sie wollen weder zu simpel noch zu hochgestochen einsteigen.

Notieren Sie sich zur Übung: Was planen Sie für die erste Sitzung?

Für mich hat sich hier folgendes Vorgehen bewährt. Ich bitte die Teilnehmerinnen und Teilnehmer in der ersten Sitzung, zwei Lerninteressen zu deklarieren und – mit ihrem Namen versehen – auf zwei Karten zu notieren:

- *eine Frage zu Theorien, Begriffen und Konzeptionen, die im Zusammenhang mit dem Seminarthema stehen,*
- *eine Frage zum Thema des Seminars, die unmittelbar der praktischen Arbeit entstammt.*

Wenn die Teilnehmenden mit der Niederschrift fertig sind, bitte ich sie, nacheinander ihre Karten vorzustellen und an zwei Pinnwänden zu befestigen. Oft ordnet ein später sich äußernder Teilnehmer sein Votum spontan einem früheren inhaltlich und räumlich zu, sodass am Ende der Runde bereits ein recht guter Überblick über die Lerninteressen besteht. – Auf diese Weise erhalte ich ein Feedback von allen Teilnehmern im Hinblick auf das, was sie von dem Seminar erwarten. Gleichzeitig teilen sie sich untereinander etwas über ihre Vorstellung vom Seminar mit. Nebenbei wird sichtbar, ob Kenntnisstand und Erwartungshorizont eher einheitlich sind, was eine systematisch aufgebaute Erarbeitung der Themen erleichtert. Oder es treten sehr heterogene Vorstellungen zutage. In diesem Fall wird eine Fülle unterschiedlicher Themen zu behandeln sein, und die Planung zur Überbrückung der divergenten Erfahrungen wird intensiver sein müssen.

45 Teamberatung

Nehmen Sie einmal an, Sie werden von der Personalabteilung einer Firma gebeten, ein sehr zerstrittenes Team zu beraten. Aus geografischen Gründen – die betreffende Niederlassung liegt im Ausland – ist keine kontinuierliche Begleitung möglich, sondern nur ein einmaliger Aufenthalt.

Überlegen Sie sich: Wie würden Sie in diesem Fall vorgehen?

Ich bin seinerzeit, als ich einen solchen Auftrag erhielt, folgendermaßen vorgegangen:

Anreisetag:
Gespräch mit dem Leiter des Teams. Abendessen mit allen Teammitgliedern.

1. Seminartag:
Einzelgespräche mit jedem Teammitglied. Der erste Tag dient dazu, dass ich Erfahrungen und Perspektiven der Teammitglieder kennen lerne und sehe, worin ihre Belastung und ihre Sicht der Konflikte besteht.

2. und 3. Seminartag:
Teamberatung im engeren Sinn. Sammlung von Themen: »Welches Thema müssen wir in diesem Team besonders dringend besprechen?« Behandlung dieser Themen in prozessorientierter Reihenfolge.

4. Seminartag:
Es folgt ein weiteres Einzelgespräch mit jedem Teammitglied:
- *Wie sehen Sie Ihre Zukunft in diesem Team?*
- *Was kann ich in Ihrem Namen der Zentrale Ihres Unternehmens in Deutschland berichten?*
- *Was möchten Sie mir über diese vier Tage sagen?*

Am zweiten Tag veröffentlichen die Teilnehmer der Beratung gleichsam ihre Diagnose des Teamproblems (vgl. Übung 44: »Erhebung der Lernwünsche«). Im weiteren Verlauf geben sie sich gegenseitig Feedback und arbeiten auf konsensfähige Lösungen zu, von Thema zu Thema mit variierendem Erfolg. Am vierten Tag hole ich ein dreifaches Feedback ein: Ein Selbst-Feedback (vgl. dazu Strategie 15); eine Rückmeldung an den Arbeitgeber und ein Feedback an mich. Damit kommt die Beratung zu einem vorläufigen Ende. Eine schriftliche Befragung drei Monate später erbrachte weitgehende Zustimmung zu der Beratung und den Folgen, die sich für die Teammitglieder daraus ergaben.

46 Spiel mit Widerständen

Eine Variante von »Lern-Wünsche« wähle ich manchmal, wenn das Thema selbst mit starken Ambivalenzen behaftet ist oder die Seminarteilnahme nicht ausschließlich freiwillig erfolgt.

»Heiße«
Seminarthemen

Seminare zum Thema »Suchtprävention« besuchen Vorgesetzte oft nur mit begrenztem Enthusiasmus. Manche denken, es würde ihren eigenen Trink-, Rauch- und Medikamentengewohnheiten auf den Zahn gefühlt. Andere haben ein schlechtes Gewissen, weil sie in ihrer Vorgesetztenfunktion bisher nichts unternommen haben, um Suchtphänomenen am Arbeitsplatz zu begegnen. Alle säßen wegen des Arbeitsdrucks lieber am Schreibtisch. Entsprechend ist die Atmosphäre zu Beginn des Seminars äußerst reserviert.

Überlegen und notieren Sie sich: Wie würden Sie in diesem Fall den Seminarbeginn gestalten?

Ich begrüße in der ersten Sitzung dieser Seminare die Teilnehmerinnen und Teilnehmer, stelle mich vor und bitte sie, auf drei namentlich gekennzeichneten Karten drei Fragen zu beantworten:

- *Welche Skepsis, Einwände oder Zweifel habe ich dem Seminar gegenüber?*
- *Welche Hoffnung verbinde ich mit der Seminarteilnahme?*
- *Welche konkrete Frage in Zusammenhang mit »Sucht und Suchtprävention« möchte ich im Laufe des Seminars klären bzw. klären lassen?*

Wiederholt äußern Teilnehmer ihre Zufriedenheit, dass sie ihre Skepsis unzensiert zum Ausdruck bringen können. Für drastische Formulierungen erfahren sie aus der Runde gelegentlich Zustimmung. Bemerkungen wie »keine Zweifel« werden aber ebenfalls geäußert und bilden ein realistisches Gegengewicht.

Ich nehme alle Äußerungen unterschiedslos und unkommentiert an. Die Hoffnungen der Teilnehmer richten sich vor allem darauf, etwas über das Thema Sucht zu lernen und konkrete Handlungshilfen zu erhalten. Die konkreten Fragen knüpfen zum Teil an die Hoffnungen an. Teilweise werden aber auch ganz besondere Detailinteressen sichtbar, die mich veranlassen, mich auf einem Sondergebiet kundig zu machen (Fengler 1994). Mir liegt daran, sichtbar zu machen, dass ich die Bitte um Fragen nicht als totes Ritual der Erwachsenenbildung betrachte, sondern dass diese Fragen eine wichtige Funktion in unserer Seminararbeit einnehmen. Später wird oft anerkennend erwähnt, dass mit den Fragen sorgsam umgegangen worden sei.

47 Jahrespanorama

Eine Übung für Gruppen, die sich selten treffen

Gruppen, die sich nur sehr selten treffen, beispielsweise einmal im Jahr, aber doch rasch mit der Arbeit beginnen wollen, können sich der folgenden Übung bedienen: Jeder nimmt sich eine Stunde Zeit und beschreibt die wichtigsten beruflichen und privaten Ereignisse aus seinem letzten Lebensjahr in einer freigewählten grafischen Form, mit Bildern, Symbolen, Schrift und Farben. Danach besteht Gelegenheit, die Darstellungen zu erläutern und zu kommentieren. Jede Zeichnung mündet in den heutigen Tag an diesem Ort ein. Daraus ergibt sich, in welcher Verfassung jeder Teilnehmer der Runde sich befindet und welche Themen gegenwärtig für sie oder ihn von besonderer Bedeutung sind.

Eine Variante des Jahrespanoramas ist das Lebenspanorama, das die Spanne der ganzen Biografie umfasst. Es wird in Therapie und Beratung herangezogen (vgl. ausführlich Übung 85 »Abschreiten der Lebenslinie«).

Ein beeindruckendes Beispiel für den Blick auf den gesamten Lebensgang erlebte ich einmal in einem Seminar, das sich an Vorgesetzte einer Firma im Alter ab 45 Jahren wandte. In diesem Lebensabschnitt haben die meisten Mitarbeiter, wiewohl erfahren, kompetent und vital, keine großen Aufstiegschancen mehr. Andererseits ist es weder für sie noch für das Unternehmen wünschenswert, dass sie sich innerlich von den Aufgaben zurückziehen und die verbleibenden Jahre ihres Arbeitslebens nur noch mit halbem Schwung verbringen – wiewohl eine gewisse Relativierung aller bisherigen Erfolge und Bemühungen bei vielen Menschen in diesem Alter eintritt. Nachdem wir das Thema Lebensabschnitte unter mehreren Aspekten behandelt hatten, bat ich die Teilnehmer am letzten Tag nach einer individuellen Vorbereitungszeit, einer nach dem anderen in unser aller Anwesenheit einmal im Raum ihre Lebenslinie abzuschreiten. Da zeigten sich zwischen den Polen Erfolg und Misslingen bewegende Episoden und Entwicklungen, wiederkehrende Muster von Krisenentstehung und immer wieder auch die Fähigkeit, geklärt und gestärkt daraus hervorzugehen. – Die Lebenslinie weist über den Seminarzeitpunkt hinaus. Wenn die Teilnehmer bei der Schilderung ihres Lebens in der Gegenwart angekommen sind, besteht noch Gelegenheit über Wünsche und Pläne für die Zukunft zu sprechen. Dies bewegt auch alle anderen gefühlsmäßig stark. Alle sind ja in diesem Lebensabschnitt mit ähnlichen Fragen beschäftigt.

Strategie 8:
Der Blick auf die ganze Gruppe

Bei dieser Strategie wendet sich der Blick auf die ganze Gruppe, wie wir dies bereits bei der vorangegangenen Strategie unternommen hatten. Insofern liegt die gleiche Skizze zugrunde.

Der Akzent wird hier aber anders gesetzt. Ging es dort darum, der Gruppe eine Selbstmitteilung zur Verfügung zu stellen, so steht hier das Bild im Vordergrund, das der Einzelne von der Gruppe hat. Dabei spielt die Subjektivität der Mitteilung eine größere Rolle. Es kann sich dabei sowohl um Momentaufnahmen der Gruppe handeln wie auch um Entwicklungsverläufe, die die Gruppe in längeren Zeiträumen durchlebt.

48 Filmtitel

Viele Menschen verfügen über ein gutes Einfühlungsvermögen, was einzelne Personen angeht. Sie haben aber Schwierigkeiten, ihren Blick auf die Gruppe als ganze zu richten. Für sie ist es zum Beispiel eine Hilfe, einen Filmtitel für die Gruppe finden zu müssen.

Jeder von uns hat auf diesem Gebiet eine gewisse Erfahrung. Manche Lösungen sind entsprechende Zitate bekannter Filmtitel; andere greifen bestehende Titel in Rhythmus und Wortwahl auf oder spielen mit kleinen Modifikationen auf sie an; viele andere erfinden etwas ganz Eigenständiges.

Die Übung eignet sich gleichermaßen dazu, eine Bezeichnung für das eigene Team, die Abteilung oder die ganze Firma zu finden.

In einem Seminar für Führungskräfte aus einem Industrieunternehmen wurden für die jeweils eigene Arbeitsgruppe folgende Filmtitel gewählt:

- *Die Wadenbeißer*
- *Wahn und Wirklichkeit*
- *Das fliegende Klassenzimmer*
- *Die letzte Rettung*
- *Die Bastelbude*
- *FC Barcelona*
- *Die glorreichen Sieben*
- *So weit die Räder rollen*
- *Don Quichotte de la Mancha*

Die Aufgabe, einen Filmtitel zu finden, spricht die intuitive Seite der Gruppenteilnehmer an: Etwas Treffendes und vielleicht sogar noch Witziges in einem einzigen Satz auszudrücken ist ein kleines Kunststück. Manche dieser Erfindungen werden von der Gruppe mit spontanem Beifall und Gelächter belohnt. – Als Variation kann man um die Erfindung von Buchtiteln bitten.

Vielleicht fällt Ihnen jetzt für Ihr Team oder Ihre Familie ein Filmtitel ein. Dann notieren Sie ihn bitte:

Ein Filmtitel für mein Team oder meine Familie

- -

- -

- -

- -

49 Darstellungen der Gruppe

Im Sinne eines Methodenwechsels ist es manchmal anregend, jeden Teilnehmer um eine persönliche Zeichnung der Gruppe zu bitten. Auch hier konnte ich oft eine Übereinstimmung der unterschiedlichen Lösungen erkennen.

*»Anregender«
Methodenwechsel*

Allerdings sollen solche Angebote nie dazu dienen, Gruppenleiter einen Auftritt als Animateur oder als Jongleur mit dem Sortiment der gruppendynamischen Spiele zu ermöglichen. Vielmehr haben sie nur dann eine Berechtigung, wenn auf diese Weise eine Gruppenblockade beseitigt oder ein Lernziel erreicht werden kann, für die keine andere einfachere Intervention zur Verfügung steht (Fengler 1996).

Ich hatte vorne erwähnt, dass Beachtung körpersprachlicher Signale zu einem nachdrücklichen Feedback führen kann. Dies ist auch auf der Ebene von Teilgruppen und Gruppe möglich:

In einem Fall fiel mir auf, dass in einer Auseinandersetzung drei Teilnehmer, die auch noch nebeneinander saßen, wie miteinander verabredet, die Arme vor der Brust verschränkt hielten, die Beine übereinander geschlagen hatten und den Kopf etwas zurückgelehnt hielten, mit trotziger Miene, als holten sie gerade gemeinsam zu einem Protest oder Angriff aus.

Ich machte sie und den Rest der Gruppe auf diese Ähnlichkeiten in der Körperhaltung aufmerksam und bat, Eindrücke dazu zu nennen. Aus der Gruppe kamen daraufhin Begriffe wie »Die drei Musketiere«, »Drei Cowboys im Saloon«, »rebels without a cause« (der Originaltitel dieses Films mit James Dean lautet: »Denn sie wissen nicht, was sie tun«) und »Die Anti-Clique«.

Tatsächlich hatten die drei in den vergangenen Sitzungen gemeinsam eine etwas starre Oppositionsrolle eingenommen. In allem, was der Seminarleiter initiierte, witterten sie einen Manipulationsversuch, dem es beizeiten entgegenzutreten galt. Wenn Seminarteilnehmer ihm beipflichteten und Anstalten machten, seinen Vorschlägen zu folgen, so sahen sie darin den Beweis erbracht, wie weit sein manipulativer Einfluss schon gehe. So hatte, was halb noch als spielerisches Kräftemessen begann, sich zu einer gewissen Selbstfesselung verfestigt. Als sie nun so von allen Seiten mit Feedback bedacht wurden, reagierten sie keineswegs defensiv, sondern nahmen die Bemerkungen eher als Kompliment dafür auf, dass es ihnen gelungen war, der starken Gruppenleitermacht eine ebenbürtige Teilnehmermacht gegenüberzustellen. In der Folgezeit befreiten sie sich aber weitgehend aus dieser unflexiblen Haltung und nahmen ihre Kontrollfunktion – gleichsam eine Art institutionalisierte Skepsis – flexibler und situationsbezogener wahr.

Bei einer solchen Intervention muss der Gruppenleiter stets darauf achten, dass sie frei von Anklage ist und frei von dem Versuch, die eigenen Anhänger gegen eine Gruppe von »Gegnern« aufzubringen, derer man sich insgeheim auf elegante Weise entledigen möchte, ohne selbst einen Finger krumm zu machen.

50 Sitzordnung

Die Sitzordnung wird bei Zusammenkünften oft bewusst gestaltet. Im Frontalunterricht hat der Vortragende alle Anwesenden im Blick und sichert, dass die Aufmerksamkeit auf ihn konzentriert ist. Die U-Form der Sitzordnung bei Konferenzen verfolgt den gleichen Zweck und unterstreicht die Machtposition des Vorsitzenden. Sie definiert gleichzeitig Nähe und Distanz ihm gegenüber und ermöglicht einen gewissen Grad an Kommunikation. Der Stuhlkreis ohne Tische lädt zur offenen wechselseitigen Ansprache ein und erleichtert das nur wenig reglementierte Gespräch mit frei wechselnder Initiative.

Wenn in einem Kreis ohne feste Plätze in einer Sitzung plötzlich wie zufällig alle Männer auf einer Seite sitzen und alle Frauen auf der anderen, so lohnt es sich, der Hypothese nachzugehen, ob ein geschlechtsspezifisches Thema in der Luft liegt, das sich in dieser Weise unbemerkt ankündigt. Die Mitteilung einer solchen Beobachtung in Form eines Feedbacks löst manchmal ein explosionsartiges Gelächter aus: Schlagartig wird allen klar, dass das Thema nun nicht mehr zu vermeiden und nicht mehr zu verschieben ist. Ist das Schweigen zum Tabu-Thema einmal gebrochen, wird das Gespräch über das heikle Thema schnell substanziell.

Es ist möglich, die Veränderungen der Sitzordnung selbst als Intervention zu benützen, um einen Sachverhalt der Gruppe zu verdeutlichen. Dazu einige Beispiele:

Vielredner in der Gruppe neigen manchmal dazu, wortreich darüber zu reflektieren, warum einige Gruppenmitglieder kaum zu Wort kommen. Dies nützt Letzteren freilich nichts, weil sie, so wie auch schon bisher, unter diesem Wortschwall wieder nicht zu Wort kommen oder schon resignierend die Hoffnung aufgegeben haben. Verschiedene behutsame Hinweise von meiner Seite an die Wortführer, doch eine etwas gleichmäßiger ausbalancierte Sprachkultur zu entwickeln, fruchten meist nichts. Vielmehr erörtern diese meine Interventionen wortreich und spielen sich dabei die Bälle zu. Die Schweiger dagegen sind mir dankbar, weil ich für sie eintrete, sehen sich aber im nächsten Moment durch die wortgewaltigen Gruppenmitglieder schon wieder um die Früchte ihrer Hoffnung betrogen. Denn diese lassen sie einfach nicht dazwischen, oder sie greifen die Voten der Stilleren flink auf und machen sie mit dem nächsten Wortschwall zu ihren eigenen. Die Lage erscheint aussichtslos, und mehr vom Gleichen hilft nicht.

In einem solchen Moment bitte ich manchmal die Schweiger, sich nebeneinander zu setzen: Die Aktiveren – zu denen auch ich selber gehöre – bilden somit zwangsläufig den Rest des Kreises und sitzen ebenfalls zusammen. Dies ist das eigentliche, die Gruppe strukturierende Feedback. Nun bitte ich – ein massiver Eingriff – die Redner, einmal eine Viertelstunde lang ganz zu schweigen und den Schweigern das Feld zu überlassen. Diesen Vorschlag finden sie meist wenig hilfreich und wollen ihn mit mir diskutieren. Aber nachdem ich geprüft habe, wie sehr mir an dieser Klärung liegt, setze ich es mit Festigkeit durch. Die Schweiger sind von dieser Intervention ebenfalls nicht sonderlich erbaut. Denn sie stehen nun da wie die, die sich nicht aus eigener Kraft durchsetzen können, und geraten unter den zusätzlichen Zwang, nicht nur sprechen zu dürfen, sondern sich äußern zu müssen, was sich mit ihrer Schweigerrolle schlecht verträgt. Aber schnell erkennen sie die Chancen, die der von mir geschaffene Freiraum ihnen bietet. Eine lebendige Unterhaltung setzt ein, die den Vielrednern zeigt, dass da stille tiefe Wasser in der Gruppe sitzen, die sie in ihrem eigenen Redeeifer nicht beachtet und unterschätzt haben. Oft wird den Platzhirschen ein sehr differenziertes Feedback gegeben, das die trickreiche, manipulative und narzisstische Seite von deren Machtaneignung beleuchtet. So gewinnen die bisherigen Schweiger an Statur und Profil in der Gruppe, und ihre Stimme findet das ihr gemäße Gewicht.

Damit die Frustration der Vielredner nicht zu weit geht und den Effekt des Feedbacks nicht überlagert, bitte ich sie am Ende der vereinbarten Abstinenz, sich wieder ins Gespräch einzufädeln. Oft kommt mir auch einer von ihnen zuvor und unterbricht das Gespräch der Stillen vorzeitig, weil er die Zurückhaltung einfach nicht länger aushält. Auch dies ist eine nützliche Erfahrung. Sie zeigt den Aktiveren, wie sehr sie – bis hin zu einer Stereotypie – darauf angewiesen sind zu reden. Den Stilleren macht es sichtbar, dass nur der zu Wort kommt, der das Wort ergreift, und dass sie sich den Raum für das Sprechen selbst nehmen müssen.

Strategie 9:
Feedback von und an Teilgruppen

An vielen Rückmeldungen sind Teilgruppen beteiligt. Generell kann man sagen, dass ein lebendiger Wechsel zwischen unterschiedlichen Gruppenteilen und Gruppenzusammensetzungen das Feedback facettenreicher macht.

Eine Teilgruppe kann aufgrund ihrer Zusammensetzung oft eine ganz spezielle Perspektive für das Geschehen der anderen Teilgruppe oder der gesamten Gruppe entwickeln. Selbstbilder und Fremdbilder, Subgruppengrenzen und wichtige Themen wie auch Konflikte, Ausgeblendetes und Vermiedenes werden sichtbar. Teilgruppen entwickeln ein neues Zusammengehörigkeitsgefühl, zumal dann, wenn sie nicht nur ein Produkt herstellen, sondern es auch präsentieren und sich danach dem Feedback der Adressaten aussetzen müssen.

Grafisch stellt sich diese Konfiguration auf zwei Weisen da:

❖ Jede Teilgruppe gibt
der anderen ein Feedback.

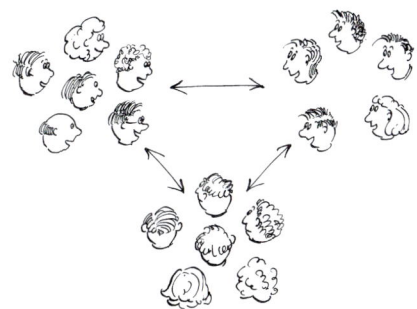

❖ Oder jede Teilgruppe
tut dies für die ganze Gruppe.

51 Fish-Bowl

In dieser Übung beobachtet eine Teilgruppe im Außenkreis eine andere Teilgruppe, die sich im Innenkreis befindet. Nach einiger Zeit gibt sie der Gruppe im Innenkreis ein Feedback. Dies ist ein gutes Verfahren zur Schulung der Beobachtungsfähigkeit. Darüber hinaus gewinnt die Innengruppe aus dem Feedback Hinweise darüber, wie sie arbeitet, wer mit wem koaliert, welche Normen und verdeckten Affekte herrschen usw.

In vielen Fällen werden anschließend die Plätze getauscht. Nun setzt sich der neue Innenkreis der Beobachtung und dem Feedback des neuen Außenkreises aus (vgl. Übung 36: »Supervision durch alle«).

52 Gruppe malt Gruppe

Durch Zeichnen
Blockaden
überwinden

Wenn die Gruppe mit ihren sprachlichen Künsten am Ende ist, zerstritten, blockiert oder einfach lahm, so ist es oft hilfreich, zur Gestaltung eines Gruppenbildes einzuladen. Zwei Teilgruppen malen die ganze Gruppe in einer frei zu wählenden Weise. Das können Szenarien sein, wie zum Beispiel als Schulklasse, Sportverein, Arbeitsteam, Schiffsbesatzung, Zwergenschar, Kochkurs, Lehrerkollegium, Zoo, Fußgängerzone, Blumenwiese, Spielplatz, Maschine, Baum; oder in Form von Symbolen, Farben und Formen usw. oder als Mischung aus allen diesen Ausdrucksmitteln.

Die Art, wie sich die Teilgruppen bilden, die Form der Zusammenarbeit, das Vergleichen und Konkurrieren der Teilgruppen, schließlich die Eröffnung des eigenen und das Betrachten des anderen Bildes geben der Gruppe und jedem Einzelnen in der Regel ein lebendiges Feedback. Gerade die Übertreibung, die die Laienzeichnung häufig kennzeichnet, lässt einige Züge besonders deutlich hervortreten. Manchmal finden beide Teilgruppen sehr ähnliche Lösungswege, oder jemand wird trotz mehrmaligen Nachzählens in der Darstellung komplett vergessen.

In einem Gruppendynamischen Laboratorium, das ich einmal leitete, war ein junger Teilnehmer, der sehr mit seiner Geltung in der Gruppe zu kämpfen hatte. Er gab sich viel Mühe, auf alle Teilnehmer einzugehen, war stets zuvorkommend, aufmerksam und recht gut gelitten. Aber zugleich blieb er dabei eigenartig unscheinbar und mausgrau. Dies stand in krassem Gegensatz zu seinem Ehrgeiz, ein bedeutendes Gruppenmitglied zu sein.

So plagte er sich recht und schlecht mehrere Tage lang, eine angenehme Stellung in der Gruppe zu finden.

Dann kam eine Sitzung, in der die Instruktion »Teilgruppen malen die ganze Gruppe« ausgegeben wurde. Die Teilgruppe, in der er selbst mitarbeitete, wählte als Motiv »Schiffe« und malte die verschiedenen Gruppenmitglieder als stolze Fregatten, als Segelboote, als Kriegsschiffe usw. Schließlich sagte jemand, zu ihm gewendet: »Und dich malen wir als kleines Paddelboot!« Er war darüber gekränkt und schlug vor, ihn doch als Seeräuberschiff mit Totenkopfflagge zu zeichnen. Aber dazu fehlten ihm nun wirklich alle seelischen Voraussetzungen, und sein Protest ging im Jubel der anderen Teilnehmer unter, die die Idee mit dem Paddelboot wunderbar fanden. Er sah sich schließlich im Verband mit den stattlichen Schiffen als zerbrechliche kleine Nussschale gemalt.

Anfänglich tröstete er sich noch mit der Hoffnung, dass die andere Teilgruppe vielleicht seine wahren Qualitäten besser erkennen würde. Als die beiden Zeichnungen aber in der Gesamtgruppe nebeneinander gelegt und vorgestellt wurden, erfuhr er in dieser Hinsicht eine herbe Enttäuschung. Die andere Teilgruppe hatte einen Garten gemalt mit prächtigen Bäumen, blühenden Büschen, einer Quelle und einem Teich, und ihn hatten sie als »... sehr, sehr blaues Veilchen« gezeichnet, irgendwo in der Ecke.

Diese doppelte Erfahrung war für den Teilnehmer ein Moment des Erwachens. Er konnte nach Überwindung der ersten Frustration über seine Enttäuschung sprechen, Hinweise auf seine überhöhten Erwartungen und seine in der übermäßigen Anpassung eben gerade nicht prägnant in Erscheinung tretende Persönlichkeit aufnehmen und in der Folgezeit gut verarbeiten.

53 Bescheidenheits-Experten

Wenn das Seminar voranschreitet, gehe ich in Gedanken immer wieder alle Teilnehmer durch und frage mich, ob ich hinreichend dafür gesorgt habe, dass alle ein etwa gleich großes Ausmaß an Selbsterfahrung, Auseinandersetzung, Begegnung und Feedback erhalten haben. Dabei stoße ich manchmal darauf, dass einige Teilnehmer, sei es durch eigene Passivität oder das Drängeln der anderen, immer etwas zu kurz gekommen erscheinen.

Nun kann dies durchaus eine verdeckte Absicht gewesen sein. So sagte einmal ein Gruppenteilnehmer am Ende eines Seminars resigniert: »Auch in diesem Seminar ist es mir wieder nicht gelungen, mich zu öffnen!« – Aber es schwangen auch etwas Vorwurf und etwas Zufriedenheit darin mit. Die Gruppenleiterin ließ sich davon nicht ins Bockshorn jagen, sondern sagte ungerührt: »Schau einmal die Kehrseite an. Probiere einmal den Satz: ›Auch in diesem Seminar ist es mir wieder gelungen, mich ganz herauszuhalten.‹« Er sprach den Satz leise zögernd und prüfend aus. Dann musste er wider Willen lachen und sagte: »Ja, das stimmt auch. Als ich mich für den Workshop anmeldete, genoss ich vor allem die Aussicht, bei dieser berühmten Gruppenleiterin einmal in der Gruppe gesessen zu haben. Seitdem habe ich das schon ziemlich vielen Leuten ganz beiläufig erzählt und deren Neid und Bewunderung genossen. Als dann der Termin näher rückte, fiel mir siedend heiß ein, dass in solchen Gruppen ja wirk-

lich seelische Arbeit gemacht wird. Das habe ich dann weggewischt mit dem Gedanken: »Irgendwie wird es mir schon gelingen, mich rauszuhalten. Aber das konnte ich in der Schlussrunde doch nicht zugeben.«

Also: Verschiedene Teilnehmer sorgen selbst dafür, dass sie zu kurz kommen. Aber mit dieser Masche möchte ich sie nicht aus dem Seminar abreisen lassen, vor allem dann nicht, wenn ich den Eindruck gewinne, dass sie sich dies häufiger antun. Ich bitte dann, wenn der Gedanke in mir Kontur gewinnt, diese drei bis vier Gruppenteilnehmer, nebeneinander Platz zu nehmen, und versinke dann in tiefes Schweigen. Die Intervention bleibt dennoch oder gerade deshalb nicht ohne Wirkung. Die Angesprochenen selbst wie auch der Rest der Gruppe versuchen, oft wie durch ein Rätsel herausgefordert, herauszufinden, in welcher Hinsicht diese Gruppenteilnehmer einander ähneln. Das Feedback der Gruppe und die Selbstbetrachtung gehen dabei, gerade weil die Gruppe mein Kriterium der Auswahl nicht kennt, aber für wichtig hält, in die Breite und in die Tiefe und spricht nicht nur die geringe Interaktionsdichte (auf die sie allerdings auch kommen), sondern auch noch ganz andere Aspekte an, die ich selbst gar nicht in Betracht gezogen habe.

Schweigen als Intervention

Wenn ich Flexibilität und Humor der Beteiligten hoch einschätze, bitte ich diese Stillen abschließend, vor der Gruppe ein Expertengespräch über die Frage zu führen, mit welchen Tricks es ihnen immer wieder gelingt, in Gruppen zu kurz zu kommen. Diese paradoxe Erörterung zwischen Beschämung und Lust, da sie nämlich, indem sie über ihre Selbstbenachteiligung sprechen, diese zugleich außer Kraft setzen, bringt die eigenartigsten Blüten der Selbstbehinderung ans Tageslicht.

Jemand verschiebt die eigenen Wortmeldungen immer auf die nächste Sitzung. Irgendwann ist dann die letzte Sitzung vorbei, ohne dass er sich gemeldet hat.

Ein anderer sagt sich, dass seine besondere Stellung ihm die Selbstöffnung verbietet. Das klappt auch in solchen Gruppen, in denen er gar keine besondere Stellung einnimmt.

Strategie 10:
Subgruppen arbeiten dem Plenum zu

Es gibt gute Gründe, innerhalb einer Gruppe kleinere Einheiten zu bilden und Aufträge zu erteilen, die später der ganzen Gruppe von Nutzen sind:

* Anfänglich äußern sich viele Menschen im kleinen Kreis leichter.
* Manche Aufgaben sind im Kreis weniger Personen leichter lösbar.
* Ideenentwicklung und Urteilsbildung erfolgen facettenreicher, wenn man im eigenen Denken nicht zu sehr durch Meinungsführer eingeengt ist.
* Das Endergebnis entsteht gleichsam basisdemokratisch, da wirklich jeder Gelegenheit zur Mitarbeit gehabt hat.
* Oft besteht Gelegenheit, in kleineren Gruppen unterschiedliche Aufgaben gleichzeitig auszuführen und so ein großes Pensum in einem optimalen Arbeitsarrangement zu erledigen.

Von solchen Situationen und Prozessen handelt diese Strategie. Grafisch stellt sich das Setting folgendermaßen dar:

54 Partnervorstellung

Die Anwesenden gruppieren sich paarweise und machen sich in einem kurzen Gespräch ein wenig miteinander bekannt. Sie berichten über Beruf, Lebensumfeld, Hobbys, Familie usw. Danach versammelt sich das Plenum aller Seminarteilnehmer erneut. Alle Anwesenden stellen sich gegenseitig mit den Informationen und Eindrücken vor, die sie aus dem Partnergespräch behalten haben. Diese Einführungen bilden oft den Ausgangspunkt für einen guten weiteren Zusammenhalt während der ganzen Seminarzeit. Manchmal werden die Informationen aber auch auffallend falsch oder ungenau wiedergegeben. Der Beschriebene sieht sich dann gezwungen, korrigierend einzugreifen.

Probieren Sie die Übung Partnervorstellung doch einmal selbst aus: Was würden Sie über eine gute Freundin oder einen guten Freund sagen, wenn Sie ihn in einem großen Kreis unbekannter Personen vorzustellen hätten? Nehmen Sie sich Zeit, und riskieren Sie es, persönliche Dinge zu sagen.

Notieren Sie sich Ihre Gedanken: Vorstellung einer guten Freundin oder eines guten Freundes

----

----

55 Stellbilder in Alternativen

Eine Gruppe kann sich kennen lernen – und dabei sofort etwas über ihre verdeckten oder nur vorbewusst wahrgenommenen Strukturen erfahren –, indem sie mehrmals nach verschiedenen Kriterien Untergruppen im Raum bildet. Der Gruppenleiter bittet also die eine Subgruppe in die eine Raumhälfte, die andere in die andere. Er gibt beiden Gelegenheit, sich im Gespräch von fünf bis zehn Minuten ein wenig zu beschnuppern. Dabei wird stets auch zur Sprache kommen, warum man sich für diese Teilgruppe entschieden hat (vgl. König 1996).

Beliebte Gruppierungsangebote sind

Theoretiker – Praktiker
Alte Hasen – Neulinge
Jüngere – Ältere
Teilnahmemotiv Erkenntnis – Teilnahmemotiv Geld
Ortsansässige – Zugereiste usw.

Es ist interessant zu beobachten, *wie* diese Selbstzuordnung erfolgt. Sie entspricht nicht immer dem inneren Selbstbild, sondern lässt sich durchaus von taktischen Aspekten leiten. (»Welche Entscheidung ist in diesem Rahmen klug und kommt gut an?«, »Warum soll ich mich als Profi zu erkennen geben – schließlich bezahle ich ja den Seminarleiter dafür, dass *er* der Profi ist.«)

Manche Gruppierungsangebote wirken trivial (Frauen – Männer, Zentrale – Filiale, Außendienst – Innendienst), machen aber doch etwas von den Kräfteverhältnissen im Raum sichtbar.

Manchmal stellen sich *alle* Teilnehmer auf eine Seite. Dann hat der Gruppenleiter entweder die falschen Alternativen gewählt, oder die Einseitigkeit der Gruppe wird unter diesem Kriterium sichtbar. Es kann aber auch Folgendes eintreten: Der Gruppenleiter hat an ein Tabu gerührt, und jeder hält es für klug, sich bedeckt zu halten (»Das Thema interessiert mich ganz allgemein«, »An Geld hatte ich bei der Anmeldung nicht gedacht«).

Unentschiedene zum Handeln auffordern

Bisweilen kann es passieren, dass sich Teilnehmer nicht zwischen den angebotenen Alternativen entscheiden können. Der Gruppenleiter sollte in solchen Fällen unbedingt darauf bestehen, dass die vorgegebenen Alternativen genutzt werden und niemand unschlüssig *zwischen* den Teilgruppen verharrt. In seltenen Ausnahmefällen formiert sich auf diese Weise allerdings eine dritte Teilgruppe mit einer klaren eigenen Charakteristik.

Das Vorgehen in diesen »kritischen« Fällen erfordert vom Trainer ein gutes situatives Gespür. Lassen Sie sich durchaus von Ihrer Intuition leiten.

Denken Sie einmal an das nächste Seminar, das Sie selbst durchführen werden. Sie möchten mit der Übung »Stellbilder in Alternativen« beginnen: Welche Unterteilungen werden Sie der Gruppe anbieten?

Stellbilder: Gruppierungsangebote in Ihrem nächsten Seminar

----

56 Paar-Interview

Das Paar-Interview kann man Gewinn bringend einsetzen, wenn die Gruppenarbeit stockt. Es werden Paare gebildet, die den Auftrag haben herauszufinden, worin sie gegenwärtig das wichtigste Problem der Gruppe sehen. Sie teilen sich mit, wie sie sich gegenseitig in der letzten Sitzung wahrgenommen haben, und äußern ihre Vorsätze und Pläne für die nächste Zusammenkunft der Gruppe. Am besten lässt sich dieses Gespräch bei einem Spaziergang führen.

Paargespräche beim Spaziergang

Diese Kombination von Gruppendiagnose, Feedback und Handlungsimpuls in einem auf Vertrauen gründenden persönlichen Gespräch ist für die Gruppe meist eine große Hilfe, wieder arbeitsfähig zu werden. Die Erörterung der verschiedenen Ursachenvermutungen, die Klärung der eigenen Mitverantwortung und die durch den Gesprächspartner unterstützte Verwirklichung des eigenen Vorsatzes liefert eine Vielzahl von Impulsen, die der Gruppe rasch wieder Lebendigkeit verleihen. – Diese und viele andere Feedback-Übungen finden sich bei Antons (1998).

57 Trio-Beratung

Die Trio-Beratung eignet sich besonders für Gespräche, in denen jemand Information, Beratung oder Klärung sucht. Zunächst steht dem Ratsuchenden eine Zeitspanne zur Verfügung, sein Problem darzustellen. Danach kann der Berater mit Nachfragen und Hinweisen zur Klärung beitragen. Der Dritte gibt als Beobachter beiden ein Feedback auf den Beratungsvorgang.

Ratsuchenden helfen

Auf diese Weise kommt man mit jedem Thema rasch und konzentriert voran. Zugleich ist es möglich, Merkmale guter oder unangemessener Beratung herauszustellen. Beratungskompetenz kann so eingeübt werden, indem jeder der Beteiligten im Wechsel jede Rolle übernimmt. In der Beobachterrolle wird ein besseres Gespür dafür gewonnen, was alles an einem Beratungsgespräch wahrzunehmen ist.

Mehrere Themen gleichzeitig bearbeiten

Im Feedback werden die drei unterschiedlichen Funktionen differenziell beleuchtet. Der Ratsuchende erfährt, ob es ihm gelungen ist, sein Problem einigermaßen klar vorzutragen. Der Berater erkennt, ob er es vermocht hat, vertrauensvollen Kontakt herzustellen und dem Gespräch hilfreiche Impulse zu geben. Der Beobachter lernt seine Fähigkeit kennen, die Interaktion zwischen Berater und Ratsuchendem nuancenreich zu registrieren und zu beschreiben. Die Übung eignet sich auch dazu, in größeren Gruppen mehrere Themen simultan zu behandeln und so rasch ein größeres Pensum von Teilnehmerwünschen zu bearbeiten (vergleichen Sie dazu auch die Übungen »Blitzlicht« und »Lernwünsche«).

58 Themensammlung

In Seminaren ist es generell wünschenswert, dass nicht nach einem ganz starren Ablaufschema Thema für Thema durchgearbeitet wird, sondern Raum für Fragen und Vorschläge der Teilnehmerinnen und Teilnehmer bleibt. So kann beispielsweise jeder Teilnehmer einen Fall aus der eigenen Arbeit niederschreiben, der noch ungelöst ist und interessante Fragen aufwirft.

Ich gebe dazu in manchen Seminaren folgende Instruktion:

Schreiben Sie bitte eine Gesprächssituation aus Ihrem Arbeitsleben nieder. Es kann darum gehen, eine Angelegenheit zu klären, einen Konflikt zu lösen, zwischen streitenden Parteien zu vermitteln, Arbeit gerecht zu verteilen, Kritik und Anerkennung auszusprechen, mit einem »schwierigen« Gesprächspartner zu sprechen – oder auch etwas ganz anderes, was Sie im Zusammenhang mit unserem Seminarthema beschäftigt. Entscheidend ist nur, dass das Thema typisch für Ihr Arbeitsfeld und aktuell ist. Wichtig ist ebenso, dass Ihnen an einer Klärung wirklich etwas liegt.

Auf diese Weise entsteht eine Fülle von Material. Die Teilnehmer loten viele Aspekte ihres Arbeitslebens aus und gewinnen allein beim Niederschreiben manchmal schon bemerkenswerte Einsichten.

Allerdings ist die Bearbeitung dieser vielen Themen oft kaum zu leisten. Es ist dann so zu verfahren, wie ich es für die »Trio-Beratung« (s. Übung 57, Seite 97f.) empfohlen habe. So können mehrere Themen parallel behandelt werden. Oder ich entscheide mich zu einer Raffung und Straffung und gehe dabei wie in der folgenden Übungen vor.

59 Der größte Fisch

Lässt sich die Themenfülle nicht auf einmal bewältigen, kann man folgendermaßen vorgehen: Ich bitte die Teilnehmerinnen und Teilnehmer mit Hinweis auf die knappe Zeit, sich in Dreiergruppen wechselseitig über die Themen ihrer Niederschriften zu informieren. Danach sollen sie einvernehmlich das Thema für die Arbeit im Plenum auswählen, das sie als besonders typisch für ihre Arbeit betrachten, das ihnen besonders unter den Nägeln brennt, Aktualität besitzt und auch für die Mitglieder der anderen Dreiergruppen von besonderer Bedeutung ist. Im anschließenden Plenum rufe ich *alle* Themen aus *allen* Gruppen auf, notiere sie auf ein Flipchart und bitte jede Gruppe zu begründen, warum sie *das eine Thema* favorisiert hat.

Themenfülle in den Griff bekommen

Dieses Vorgehen bringt viel Bewegung in die Arbeit. Alle Teilnehmer erhalten eine Rückmeldung darüber, welche Themen in diesem Kreis als diskussionsbedürftig betrachtet werden. Das von der Gruppe ausgewählte Thema bleibt in die anderen Themen eingebettet. Derjenige, der es formuliert hat, wird den anderen nicht vorgezogen; vielmehr bestimmt die Gruppe selbst, an welchem Thema sie das größte Interesse hat. Damit wird zugleich eine eventuelle Konkurrenz zwischen den Themen und ihren Autoren gemildert und in konstruktive Mitarbeit eingebunden: An erster Stelle geht es um die Sache. Oft folgt aus dem Plenum spontane Zustimmung zur Themenwahl der Gruppen. Manchmal wählen verschiedene Gruppen fast gleich lautende Themen und sehen sich dann in ihrer Entscheidung bestätigt. Es kann dann – will man Wiederholungen vermeiden – zusätzlich ein Thema angegangen werden, das sonst hätte zurückstehen müssen.

Dieses Vorgehen fußt auf der Annahme einer dreifachen Überlegenheit der Gruppe:

❖ Die Gruppe regt an.
❖ Die Gruppe weiß mehr.
❖ Die Gruppe gleicht aus.

Diese drei Kompetenzen der Gruppe werden in aller Regel bestätigt. Die Aufgabe des Gruppenleiters besteht darin, *die Bedingungen zu schaffen*, unter denen die Gruppe diese Fähigkeiten entfaltet: eigenständige Meinungsbildung, offene Kommunikation und wechselseitige Akzeptanz (Fengler 1996).

60 Analyse des Gruppenprozesses

Die Meta-Perspektive hilft, Dinge besser zu beurteilen

Oft ist es wünschenswert, einmal von der aktuellen Ereignisfülle im Gruppenprozess zurückzutreten und aus einer Meta-Perspektive zu betrachten, wie sich die Dinge entwickelt haben. Die Analyse des Gruppenprozesses ermöglicht Distanz, Relativierung des eigenen Standpunktes und kognitives Verstehen der Vorgänge. Meist erfolgt die Analyse des Gruppenprozesses durch mehrere Teilgruppen, die dem Plenum berichten. Sie zeichnen die Hauptereignisse nach und beschreiben diese in ihrer Wechselwirkung. Übereinstimmung wie auch Unterschiedlichkeit der Darstellungen regen die weitere Beobachtung und Selbstbeobachtung sowie auch die eigene Einflussnahme auf das Geschehen an (ähnlich wie beim »Paar-Interview«, s. Seite 97).

Strategie 11:
Feedback zwischen Gruppen

Naturgemäß sind alle Beobachtungsübungen, wenn es sich nicht um stille Beobachtungen handelt, zugleich Feedback-Übungen. Die Beobachter teilen ihre Wahrnehmungen der Gruppe mit. Sie machen so den Gruppenverlauf sichtbar, reichern die Selbstwahrnehmung der Gruppe an und machen sie mit der Resonanz des Außenstehenden vertraut. Das regt zu Verhaltensänderungen an. Der Vorgang des Beobachtens selbst wird vorgeführt.

Grafisch sieht dieses Setting folgendermaßen aus:

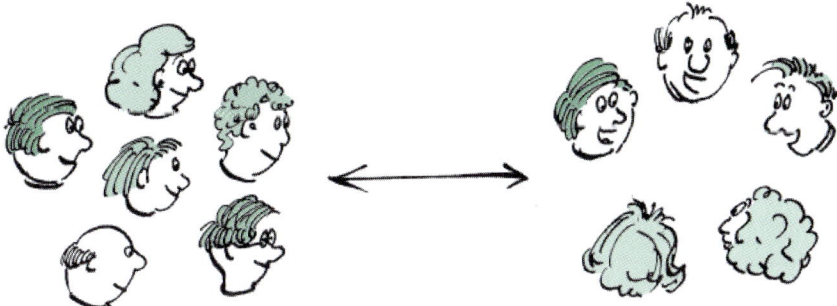

61 Gruppe beobachtet Gruppe

Eine Gruppe besucht innerhalb eines größeren Seminars eine andere Gruppe, beobachtet eine Sequenz des Gruppenprozesses und gibt dann ein Feedback dazu.

Diese Übung eignet sich besonders dann, wenn eine Gruppe ihre Form nicht recht findet. Die Ankunft der anderen Gruppe wird bisweilen als leichte Bedrohung empfunden, die die Gruppe enger zusammenrücken lässt. Analog mag die Gastgruppe, die vielleicht selbst noch nicht mit ihrer Arbeitsweise zufrieden ist, erleichtert feststellen, dass die anderen mit den gleichen Schwierigkeiten zu kämpfen haben wie sie selbst. Diese und zahlreiche andere Kurs- und Seminarmethoden hat Knoll (1997) in dem gleichnamigen, anschaulich geschriebenen Buch niedergelegt.

Die Zahl der beobachtbaren Phänomene ist unendlich groß. Der Anfänger tut sich infolgedessen manchmal schwer, überhaupt irgendetwas Bemerkenswertes zu erkennen. Es empfiehlt sich, mit einem einzigen, leicht beobachtbaren Aspekt zu beginnen, wie beispielsweise der Redehäufigkeit der Einzelnen, der Richtung der Blickkontakte oder den Körperhaltungen. Erfahrenere Gruppenleiter und -teilnehmer vermögen mehrere Gesichtspunkte simultan zu beobachten. Sie verknüpfen Wahrnehmungen der Gruppenatmosphäre und der eigenen inneren Resonanz und verstehen es, *die Abfolge* der Einzelereignisse als Prozess der Gruppe sichtbar zu machen.

Die Wiedergabe der Gruppenbeobachtung stößt meist auf großes Interesse, da jeder Teilnehmer, Beobachter und Gestalter der Vorgänge ist. Natürlich ist jeder Gruppenteilnehmer besonders neugierig auf das, was über ihn selbst und seinen Beitrag zum Gruppengeschehen mitgeteilt wird.

Falls freilich der Beobachter in seinem Bericht mit der Gruppe allzu streng oder sarkastisch umgeht, Ungenauigkeiten in der Wahrnehmung erkennen lässt oder mit unfundierten Spekulationen und Deutungen operiert, so wird ihm die berechtigte Abneigung der Gruppe entgegenschlagen. Wichtig für die Akzeptanz der Mitteilungen ist auch, ob der Beobachter als Gruppenmitglied oder als Außenstehender, als fachkundig oder dilettantisch, als wohlwollend oder feindselig wahrgenommen wird.

Notieren Sie hier bitte einmal, welche fünf Phänomene Ihnen selbst als Erstes ins Auge springen, wenn Sie eine Gruppe gezielt beobachten.

Folgende Phänomene fallen mir an einer beobachteten Gruppe besonders auf:

----

62 Gruppen-Pantomime

Im Kontakt verschiedener Gruppen untereinander besteht eine Form der Begegnung darin, dass jede Gruppe für ihre Situation eine pantomimische Ausdrucksform wählt und sich damit den anderen Gruppen präsentiert. Dies kann witzig sein, apokryph, mit weit ausladender Motorik oder aber mit kleinsten, nur angedeuteten Bewegungen. Das Feedback der anderen Gruppen besteht entsprechend aus Raten, originellen oder auch rivalisierenden Kommentaren oder treffsicheren Deutungen.

Vorbereitung, Ausführung und der anschließende Feedback-Empfang lassen die Gruppen zusammenrücken. Angesichts einer drohenden Außenmacht steigt die Binnensolidarität.

So stellten sich in einem Seminar, in dem mehrere Gruppen an unterschiedlichen Themen arbeiteten, alle mit ihrem jeweiligen Schwerpunkt vor: Die Gruppe »Konflikt« spielte, wie sie vor lauter Konflikten nicht zu einem Konsens hatte kommen können. Die Gruppe »Methoden der Prozess-Beobachtung« machte vor, wie ein Teil der Gruppe den Gruppenprozess beobachtet, ein anderer Teil die Beobachter, ein dritter Teil diesen Beobachtungsvorgang und die beobachtete Gruppe alle drei Beobachterinstanzen. Auf diese Paradoxie stößt ja wirklich jede Beobachtung, wenn man sie auf dem Hintergrund systemischen Denkens betrachtet und reflektiert. Eine dritte Gruppe, die Entscheidungsprozesse untersuchen wollte, führte ihr Talent vor, Entscheidungen in großer Zahl zu fällen und durch neue Entscheidungen wieder außer Kraft zu setzen, ohne dass dem Taten folgten.

Generell wohnt der spielerischen Darstellung in ihrer manchmal übertriebenen Ausdrucksstärke etwas Karikaturhaftes, Burleskes oder Selbstironisches inne, das eine Distanzierung ermöglicht und die Selbstreflexion erleichtert.

63 Selbstpräsentation der Gruppen

Die Selbstdarstellung der Gruppen kann in Form der Gruppenpantomime erfolgen. Möglich ist aber auch, die Gruppen um eine sprachliche Darstellung ihres Gruppenprozesses zu bitten. Was die Gruppen dann vortragen, enthält Aspekte von Selbstwert und Selbstdarstellung, zeigt ihre individuelle Entwicklung und den Wunsch, sich von den anderen Gruppen vorteilhaft zu unterscheiden. Das geht bis hin zu offenem Rivalisieren um einen ersten Platz vor einem imaginären Schiedsrichter.

Eine Gruppe wird sich also vielleicht mit allen ihren Versuchen, Irrtümern und Sackgassen, Zweifeln und neuen Anläufen darstellen.

Eine andere dagegen steigt mit der Bemerkung ein: »Also wir, wir waren und sind, bei aller Bescheidenheit, wohl doch die erfolgreichste Gruppe!« Das ist manchmal weder ironisch, noch provokativ gemeint, sondern entspringt einem satten Selbstgefühl, das keine Selbstkritik kennt und keineswegs mit Protest rechnet. Diese Gruppe fühlt sich wirklich als Siegergruppe. Zugleich gewinnen wir eine gute Vorstellung von dem Weltbild, das in dieser Gruppe vielleicht herrscht. Es mag sein, dass sie sich von Gegnern umstellt sieht, die es auf jeden Fall niederzukämpfen gilt.

Eine dritte Gruppe hat sich auf nichts einigen können und dokumentiert ihre Handlungsunfähigkeit, indem sie schweigt. Eine vierte schließlich hat als kleinsten gemeinsamen Nenner nur die Ablehnung des Auftrags finden können, wirkt dabei aber ebenfalls unzufrieden.

Man erkennt an den Beispielen, wie sehr die Qualität der sich entwickelnden Intergruppendynamik von der Instruktion abhängt. Steht die Darstellung des eigenen Gruppenprozesses im Vordergrund, so mögen Beschönigung und Selbstlob vorherrschen. Jede Antwort verrät uns etwas über den Charakter dieser Gruppen, selbst die Totalverweigerung.

Anders steht es, wenn das Ergebnis tagelanger Gruppenarbeit an einem Sachthema präsentiert werden soll. In diesem Fall tritt das Konkurrenzmotiv partiell zurück. Die zuhörenden Gruppen sind neugierig und aufgeschlossen. Die berichtende Gruppe versucht, das Resultat ihres Bemühens attraktiv zu präsentieren.

Allenfalls wird gelegentlich die Sorge geäußert, man werde sich in der Art der Darstellung blamieren oder eine andere Gruppe werde im Vergleich sehr viel besser abschneiden als man selbst. Aber Ergebnisse von guter Qualität können zwischen den Gruppen anerkannt werden, und gegenseitiger Respekt ist am Ende die Regel.

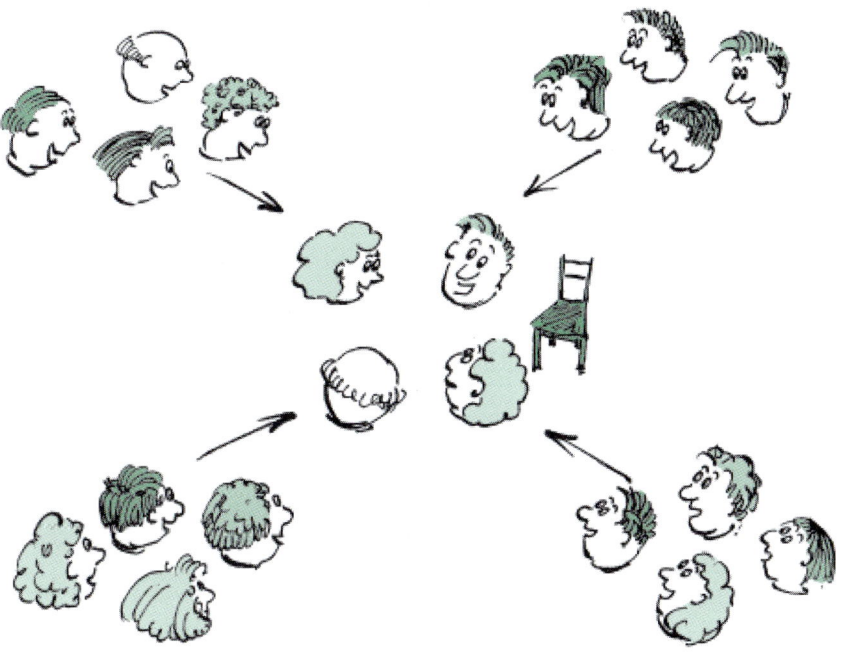

64 Intergruppen-Verhandlung

Verhandlungen zielgerichtet führen

In manchen Seminaren muss über die Zeit, die Trainer-Präsenz, den Fortgang des Programms usw. zwischen verschiedenen Gruppen verhandelt werden. Die Repräsentanten der Teilgruppen und ihrer Partikularinteressen sitzen dann im Innenkreis unter den Augen des Plenums, das sich durch Besetzung eines freien Stuhls an der Verhandlung beteiligen und durch Feedback und Vorschläge auf die Verhandlung Einfluss nehmen kann.

65 Schlichtung im Intergruppen-Konflikt

Manchmal sind verschiedene Gruppen, Abteilungen oder Einheiten einer Firma so miteinander zerstritten, dass der Dialog vollständig zum Erliegen kommt. Dies geht oft nicht allein auf wechselseitige Intoleranz und Streitlust zurück, sondern liegt auch an den unterschiedlichen Perspektiven, die die Gruppen aufgrund ihrer jeweiligen Tätigkeit der Arbeit gegenüber einnehmen:

- *Kaufleute und Techniker sprechen unterschiedliche Sprachen.*
- *Verkauf, Verkaufsverwaltung und Werkstatt verfolgen unterschiedliche Interessen.*
- *Wenn zwei Firmen fusionieren, hängen Mitarbeiter noch lange an ihrer bisherigen Firma und halten den Kollegen aus der ehemaligen anderen Firma gegenüber Distanz.*

In der Sache aber müssen sie zusammenarbeiten, weil sie sonst den Ertrag der Firma und den eigenen Arbeitsplatz gefährden. Folglich ist es wünschenswert, die Kommunikation zwischen den Abteilungen jedenfalls so weit zu verbessern,

- ❖ dass grobe Feindseligkeiten unterbleiben,
- ❖ dass die Arbeit den anderen Abteilung weder mutwillig noch aus Nachlässigkeit behindert wird,
- ❖ dass gemeinsame Aufgaben in guter Qualität erledigt werden.

Der Berater bleibt neutral

Das Feedback eines externen Beraters hat hier ebenso wie beim Schlichtungsgespräch zwischen zwei Mitarbeitern strikt auf Neutralität zu achten. Eine vorübergehende Parteinahme muss transparent gemacht und ausbalanciert gestaltet werden. Wenn dies gelingt, so entfalten die bisher verfeindeten Gruppen meistens selbst ein feines Gespür dafür, die eigenen blinden Flecken zu benennen und der anderen Gruppe hilfreiche Hinweise zu geben.

Ich wurde einmal gebeten, in der Polarisierung zwischen zwei Abteilungen eines großen Auto-Reparaturbetriebs zu vermitteln. Ich erlebte die Autoverkäufer als agile aktive Personen, die Umsatz machen, also Autos verkaufen wollen und dabei gern Zugeständnisse machen oder ein Auge zudrücken, manchmal am Rande der Korrektheit. Die Verkaufsverwaltung

zeigte sich dagegen als eine etwas behäbige bürokratische Abteilung, die Verträge penibel prüft, bevor sie sie absegnet, und manchmal ihre Zustimmung zu einem Vertragsabschluss verweigert. Die Verkäufer empfanden die Verwalter als Bremser; diese wiederum verdächtigten die Verkäufer, lose Vögel zu sein.

Überlegen Sie sich nun einmal selbst, wie Sie in einem solchen Fall vorgehen würden. Schreiben Sie Ihre Ideen auf:

- -

- -

- -

- -

- -

Ich selbst bin seinerzeit folgendermaßen vorgegangen:

- *An dem Seminartag nehmen acht Verkäufer sowie acht Mitarbeiter aus der Verkaufsverwaltung teil.*
- *Begrüßung.*
- *Jede der beiden Gruppen stellt in getrennten Räumen zusammen, was sie an der jeweils anderen Gruppe immer wieder stört und was das besonders Positive an der eigenen Gruppe ist.*

- *Wechselseitiges Feedback im Plenum. Die Spannung steigt.*
- *Bildung von acht Paaren aus beiden Gruppen, die über diese Fremd-bilder sprechen, wechselseitig für Verständnis werben und konsens-fähige Überzeugungen, Erfahrungen und Lösungen ausfindig ma-chen.*
- *Jedes Paar sucht sich ein zweites Paar, tauscht sich mit ihm aus und bereitet gemeinsam vor, was sie dem Plenum berichten wollen.*
- *Bericht der vier Vierergruppen im Plenum.*
- *Vereinbarung, sich an Feindseligkeiten von Gruppe zu Gruppe nicht mehr zu beteiligen und im Konfliktfall denjenigen Mitarbeiter aus der anderen Gruppe um Rat zu fragen, mit dem heute dieses Ge-spräch zu zweit geführt wurde.*

Auf diese Weise lassen sich sogar langjährige, chronisch gewordene, aber auch lieb gewonnene Feindschaften ein wenig lockern. Entscheidend sind Person und Funktion des externen Beraters. Da er keiner Partei angehört, kann er jede der beiden Gruppen in ihren Ansprüchen begrenzen wie sie andererseits auch unterstützen.

Strategie 12:
Feedback durch Instrumente

Manchmal ist es sinnvoll, dem Feedback-Geber ein Instrument an die Hand zu geben, das bestimmte Handlungen, Haltungen oder Reaktionen des Feedback-Empfängers registriert und über den Moment hinaus dokumentiert. Diese Instrumente lassen sich bei Einzelnen, Paaren und Gruppen einsetzen. Der Feedback-Geber kann sie auch auf sich selbst anwenden. Es empfiehlt sich, den Betreffenden das Beobachtete im Sinne eines Feedbacks später mitzuteilen und ihnen eine Stellungnahme zu ermöglichen.

Die Teilnehmer können zum Beispiel gebeten werden, am Ende jeder Sitzung oder einmal täglich am Abend ihre Beteiligung am Gruppengeschehen auf einer Skala einzuschätzen. Es kann beispielsweise nach Aktivität, Einfluss, Zufriedenheit gefragt werden. Günstig ist es, wenn solche Fragen frisch aus dem Gruppengeschehen entwickelt werden und die Daten nicht nur der Orientierung des Gruppenleiters dienen, sondern auch der Gruppe zur Verfügung gestellt werden. Dann nehmen diese Aufgaben der Aktionsforschung wahr: Die Untersuchten sind nicht nur Objekt, sondern auch Subjekt des Geschehens und gestalten den Prozeß der Erforschung und Selbsterforschung mit.

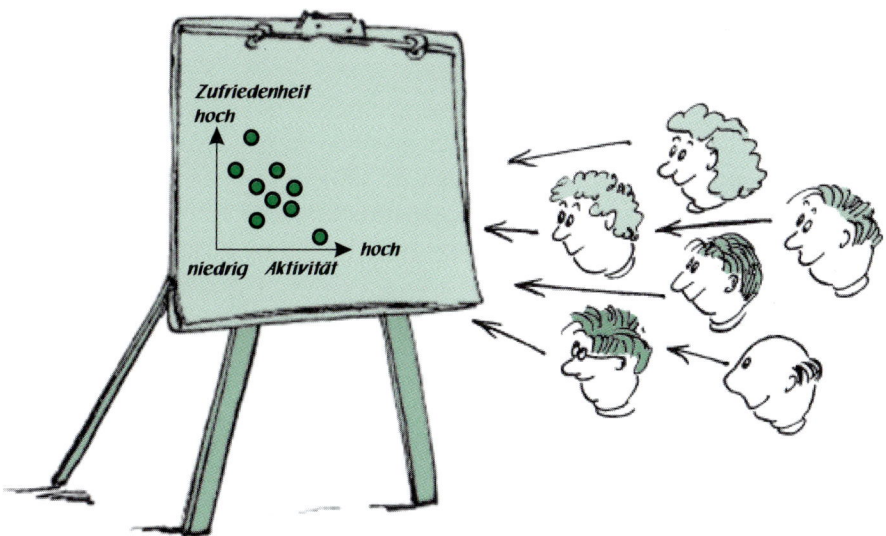

66 Protokollierung und Selbstprotokollierung

In der Verhaltensmodifikation ist die Protokollierung von Verhaltensweisen und Gedanken, die jemand ablegen oder sich aneignen möchte, weit verbreitet. Sie hat sich als sehr wirksames Feedback erwiesen, das schnell Verhaltensänderungen nach sich ziehen kann.

So mag jemand, der seinen täglichen Zigarettenkonsum auf »ungefähr ein Päckchen« schätzt und am Tag der ersten Protokollierung die Schachtel schon am Frühnachmittag leer findet, über die Gesundheitsschädigung bestürzt sein, die er sich antut. Er wird dann etwas länger zögern, ehe er sich nun die nächste Zigarette anzündet.

Wer unter Depressionen leidet und gebeten wird, alle depressiven und alle weniger depressiven Zeiten des Tages zu notieren, wird manchmal feststellen, dass es ihm streckenweise nicht ganz so schlecht, ja vielleicht sogar ausgesprochen gut geht.

In ähnlicher Weise kann die Protokollierung von Unsitten, Arbeitsstunden, Freizeitaktivitäten, Kontakten, Konsumgewohnheiten, Gedanken usw. zugleich Information, Einsicht und Korrektiv bewirken. Jede dieser Fragen kann als Ausgangspunkt einer ganzen Arbeitseinheit dienen. Denn immer geht es dabei darum, die eigenen bisherigen Verhaltensmuster zu untersuchen, ihre Funktionalität zu prüfen und gegebenenfalls Alternativen in Betracht zu ziehen, die man auch wirklich in die Tat umsetzen kann. Zahlreiche derartige Fragestellungen habe ich selbst zu den Themen Suchtprävention (1994), Kooperation (1996) sowie Stress- und Burnoutprophylaxe (1998) entwickelt (vgl. dazu Strategie 15: »Selbst-Feedback«).

Der gelegentlich geäußerte Einwand, man beraube sich auf diese Weise seiner Spontaneität, greift gewiss nicht. Zur Protokollierung steht ja gerade ein Verhalten, in dem man sich unfrei, unzulänglich und erfolglos fühlt, nicht ein geliebtes und genossenes Handeln. Aber natürlich muss man die Protokollierung so anlegen, dass sie nicht zwickt oder ärgert. Sie sollte mit ein bisschen Humor und Belustigung über die eigene Unzulänglichkeit ausgeführt werden.

Protokolliert werden »zwanghafte« Handlungen

67 Soziogramm

Soziogramme sind grafische Darstellungen von Wahlen, die Personen hinsichtlich hypothetischer oder realer Fragen vornehmen. Soziogramme sind stets Momentaufnahmen und fallen je nach Gruppe, Fragestellung, Zahl der Wahlmöglichkeiten usw. recht unterschiedlich aus. In Schulklassen wird zum Beispiel durchaus situationsadäquat gefragt: »Neben wem möchtest du sitzen?« Dies kann tatsächlich Einfluss auf die Sitzanordnung haben.

Soziogramme sind Momentaufnahmen

In Seminaren mit Erwachsenen ist es möglich, die Doppelfrage nach Einfluss und Vertrauen zu stellen, indem jeder Teilnehmer entsprechend Karten in unterschiedlicher Farbe (eine Farbe für Einfluss, eine für Vertrauen) in der Runde verteilt. Dabei sollten jedem Gruppenmitglied für jede Frage etwa so viele Karten zur Verfügung stehen, wie es der Quadratwurzel der Teilnehmerzahl entspricht. Also drei Karten bei neun Teilnehmern, vier bei 16, fünf bei 25 usw. Die Ergebnisse erreichen dann eine gute Prägnanz.

Diese Übung hat eine gewisse Verwandtschaft mit der Übung »Funktionsübernahme in der Gruppe«. Es macht aber einen Unterschied, ob solche Voten nur übergeben und ausgezählt werden oder ob der Absender registrierbar ist und das Ergebnis aller Wahlen in Form einer großen Soziogrammzeichnung visualisiert wird.

Gruppenleiterinnen und Gruppenleiter schneiden bei solchen Wahlen meist etwas zu günstig ab. Dennoch zeigen die Ergebnisse in der Regel gut, wer in der Gruppe das Sagen hat und bei wem sich die Gruppe gut aufgehoben fühlt. Manche Gruppenleiter verstehen es, beide Funktionen in sich zu vereinigen. Andere müssen sich mit weitreichendem Einfluss bescheiden und das Vertrauensvotum einem Gruppenmitglied abtreten.

In einem Fall, den ich miterlebte, erhielt der Gruppenleiter fast ausschließlich Einflusskarten, während das Vertrauen hauptsächlich seinem jungen Co-Leiter und einem ziemlich stillen Gruppenmitglied zugesprochen wurde. Im späteren detaillierteren Feedback wurde Folgendes deutlich: Der Gruppenleiter war ein recht bekannter Experte. Ohne dass er selbst besonders auf Abstand aus war, hielten die Gruppenteilnehmer eine Art Prominenz-Distanz ihm gegenüber ein. Im Vergleich dazu erschien der Co-Leiter angenehm »schwach«, sodass die Teilnehmer sich mit ihm identifizieren und seine Nähe ohne Hemmschwelle suchen konnten. Der favorisierte Teilnehmer war ein etwas melancholischer, gutmütiger Mensch, der gut zuhören konnte und stets Aspekte von Übereinstimmung herausstellte. Die Teilnehmer glaubten, der Leiter des Seminars stehe weit über den Dingen und auch über ihnen; von den Adressaten ihres Vertrauens dagegen erhofften sie sich eher persönliche Zuwendung als von dem Leiter. Um so angenehmer waren sie überrascht, als sie merkten, dass der Leiter sehr wohl präsent war und jeden von ihnen differenziert wahrnahm.

Dies entspricht der in der Management-Theorie üblichen Unterscheidung von formalen und informellen Anteilen der Führungsfunktion, die sich in der Person des Vorgesetzten bündeln können, aber nicht müssen. Auch das Management-Grid (Blake/Mouton 1964) unterscheidet in vergleichbarer Weise den Aufgabenbezug und die Gestaltung der zwischenmenschlichen Beziehungen am Arbeitsplatz. Manche Gruppenleiter erreichen in beiden Bereichen nur wenige Stimmen. Gelegentlich treten aufschlussreiche Übereinstimmungen oder Gegensätze in der Beurteilung von Trainer und Co-Trainer auf, oder ein Gruppenmitglied erhält auffallend viele bzw. gar keine Karten.

Ein Soziogramm kann auch provozieren oder kränken

Die soziometrische Darstellung ist – mag man auch betonen, es handele sich nur um eine Momentaufnahme – eine heftige Provokation und Kränkung für diejenigen, die in ihr weniger gut wegkommen. Sie wird oft als Aufforderung begriffen, die Verhältnisse zu ändern. Eine solche Initiative gibt dann dem Gruppenprozess neue Impulse. Jedenfalls hat der Gruppenleiter die Aufgabe, eine so brisante Übung wie diese nie zur Befriedigung des eigenen Narzissmus, eben in Erwartung eines für ihn vorteilhaften Ergebnisses einzusetzen. Legitimierbar ist sie nur durch eine strenge Auswahl. Es sollten sich aus dem Gruppenprozess deutliche Hinweise darauf ergeben, dass die Übung zu einer Klärung der Situation wesentlich beizutragen vermag.

In der beruflichen Zusammenarbeit kann diese Übung dazu beitragen, Wünsche nach vermehrter und engerer Zusammenarbeit unter den Mitarbeitern zu erkunden. Wegen der Intimität und Konflikthaftigkeit der Frage halte ich aber das Einzelgespräch für geeigneter als das Soziogramm. Für beide gilt: Es müssen der Erkundung Taten folgen. Andernfalls buchen die Mitarbeiter solche Fragen später als überflüssige Psycho-Spiele ab.

68 Gruppendiagnostische Erhebungen

Es gibt eine große Zahl von Verfahren zur Gruppenbeobachtung: Häufigkeitslisten, Tabellen über die Verteilung der wechselseitigen Ansprachen, Formulare zur Registrierung von Interaktionssequenzen usw. Viele davon werden spontan entworfen, andere sind in langjähriger Forschung entwickelt und validiert worden (Fengler 1994). Entscheidend ist bei der Wahl solcher Beobachtungsschemata stets, wie qualifiziert die Beobachtungen erhoben und vermittelt werden und welche verhaltenssteuernde Wirkung die Darstellung für die Beobachteten hat.

Es ist interessant, einmal aufzuzeichnen, wer zu wem spricht und wie die Redezeit verteilt ist. In einer Liste der Gruppenfunktionen (z.B. fragen, scherzen, zusammenfassen, blockieren, vorschlagen, Information einhalten ...) wird mancher Teilnehmer nur in einer einzigen Rolle und recht monoton auftreten, während andere vielfältige Aufgaben zu übernehmen verstehen. Es ist möglich, nach Selbstbild und Idealbild zu fragen, nach autoritärem oder kollegialem Verhalten des Seminarleiters, oder sich gegenseitig bestimmten Schwerpunkten des Führungsverhaltens zuzuordnen. Auch die getrennt behandelten Techniken der soziometrischen Wahl gehören zu den gruppendiagnostischen Verfahren.

69 Videoaufnahmen

Die Betrachtung eines Films, der das eigene Verhalten zeigt, ist oft eine nachdrückliche Lehre. Körperhaltung, Tonfall, Wortwahl, Umgang mit dem Gesprächspartner erscheinen plötzlich in ganz neuer Perspektive. Gerade weil man sich auf dem Videoband gut ins Licht gerückt wünscht, bemerkt man misslungene Passagen mit besonderer Wachheit. Das reine Abspielen des Films, der auch ohne Kommentar für sich spricht, ist inzwischen auf

Videoaufnahmen verdeutlichen oft das eigene Verhalten

vielen Gebieten als wirksames Feedback entdeckt worden: von Lehrern und Therapeuten, Verkäufern und Rhetorik-Trainern, in der Paar- und Familientherapie und auch im Sport.

Darüber hinaus können Videoaufnahmen ausführlich ausgewertet werden. Im Film werden Verhaltensüberschüsse, -lücken und -defizite sichtbar, die Stoff für Übungsaufgaben hergeben.

Dabei gelten als Regeln das Prinzip der kleinen Schritte, die Anerkennung für den bescheidenen Fortschritt, der Aufbau der Übungen vom Leichteren zum Schwierigeren, vom Einfachen zum Komplexen sowie von der Übungssituation zur Realsituation usw.

Manchmal strebt der Gruppenleiter nicht Einübung und Aneignung neuer Verhaltenssequenzen an, sondern zieht die Videoaufnahme als Grundlage und Impuls zum Erfahrungsaustausch zwischen den Gruppenteilnehmern heran, die aus dem gleichen Berufsfeld kommen. In diesem Fall sollte bereits das Thema der filmischen Darbietung entweder zuverlässig aus den Erfahrungs- und Problemzonen der Teilnehmer stammen oder von diesen selbst abgefasst, inszeniert und ins Bild gesetzt worden sein. Die Auswertung kann dabei jederzeit mit der Frage unterbrochen werden, wie denn die Betrachter mit einem bestimmten Problem, das gerade im Videobeitrag sichtbar wird, in ihrer eigenen Berufspraxis umgehen. Daraus ergeben sich häufig lebhafte Diskussionen unter den in gleicher Weise Betroffenen. Es werden viele praktikable Ideen entwickelt.

Speziell zu diesem Thema empfehle ich das Buch »Video-Training und Feedback« (Toelstede/Gamber 1993).

Strategie 13:
Feedback an die Gruppenleitung

Einige Übungen dienen in erster Linie der Orientierung des Gruppenleiters. Sie sind nicht immer Feedback-Übungen im engeren Sinne. Wohl aber geben sie Auskunft über Stimmungen, Haltungen, Lernvorgänge und Wünsche der Teilnehmer, die sich auf die Anlage des Seminars, die Arbeitsweise, das Interventionsverhalten usw. richten und vorrangig an den Gruppenleiter adressiert werden, dem auf diesen Gebieten die Federführung zugeschrieben wird.

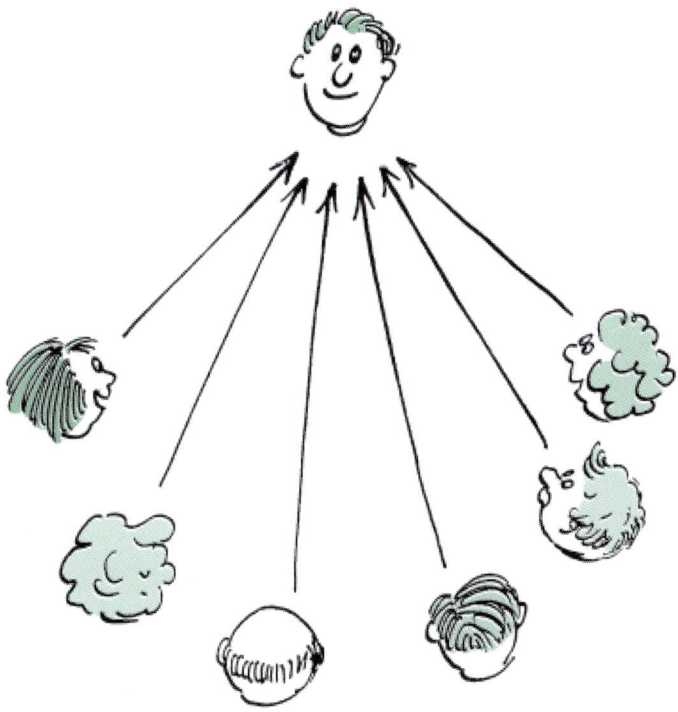

70 Wünsche und Vorsätze

Eine besondere Variante des Blitzlichts ist manchmal zur Halbzeit einer Veranstaltung angebracht. Sie eignet sich besonders dann, wenn die Gruppe passiv und voll Anspruchshaltung wirkt, wenn also der Gruppenleiter den Eindruck hat, die Gruppe wolle *ihn arbeiten und sich bedienen lassen.*

In solchen Fällen bitte ich – oft mit Hinweis auf die Seminarhalbzeit – die Teilnehmerinnen und Teilnehmer, einmal auf Karten zu schreiben, welche Wünsche sie für die noch verbleibende Zeit an das Seminar und an mich haben. Die einseitige Anspruchshaltung entfaltet sich manchmal recht eindeutig.

Deshalb ist es notwendig, unerfüllbare Wünsche sofort mit Begründung zurückzuweisen. Im Sinne einer Balance von Geben und Nehmen ist es außerdem sinnvoll, anschließend die Teilnehmer zu fragen, welchen Vorsatz bzw. Wunsch sie *an ihr eigenes Verhalten im Seminar richten.*

Wenn die Teilnehmer allzu fordernd erscheinen, kann sich die Frage anschließen, wie sie in der Art ihrer Seminarteilnahme dazu beitragen wollen, dass wir diese Ziele gemeinsam erreichen können.

Ich bitte dann die Teilnehmenden, auch alle diese Vorsätze vor der Gruppe zu deklarieren, und hänge sie rund um die Eingangstür auf. Die Teilnehmer haben sie so jedes Mal vor Augen, wenn sie durch die Tür treten.

»Konsumverhalten«
nimmt ab,
Engagement wächst

Allein schon die Diskrepanz zwischen der Fülle der Wünsche, die sie an den Seminarleiter richten, und der relativen Dürre und Einfallslosigkeit, was ihre eigene Verantwortungsübernahme angeht, ist für viele Teilnehmer eine gute Rückmeldung. Einige rücken dann von ihrer bisherigen Konsumhaltung ab und entschließen sich zu mehr Engagement.

In jedem Fall veranlasst die Frage nach den eigenen Vorsätzen im Seminar zu einem Perspektivenwechsel: Die Teilnehmer entdecken, dass nicht der Seminarleiter allein die Verantwortung trägt. Sie erkennen, dass der Lernerfolg ebenso von den eigenen Einstellungen und Verhaltensweisen abhängt.

Im Beispielfall gibt die regelmäßige Wiederbegegnung mit ihren Vorsätzen an der Tür den Teilnehmern Gelegenheit zu überprüfen, was sie davon schon in die Tat umzusetzen begonnen haben.

Andererseits muss auch das Bemühen des Gruppenleiters spürbar werden, den an ihn gerichteten Wünschen gerecht zu werden. Sonst mag die Gruppe sich um das Resultat ihres Mitdenkens betrogen fühlen (»Geändert hat sich dann leider doch nichts!«). Die Vorsätze, die an die eigene Person gerichtet werden, sind ein Vorgriff auf das Thema »Selbst-Feedback«, das auf Seite 128ff. behandelt wird.

71 Teilnehmer und Beobachter

Generell soll der Gruppenleiter einem Feedback aus der Gruppe nie ausweichen, selbst wenn es ihm schwer fällt, in einer Beziehungsklärung die Doppelrolle Teilnehmer und Beobachter glaubwürdig und ohne Tricks durchzustehen. Die Gruppe hat stets Barrieren zu überwinden, bevor sie sich an die schwere Aufgabe heranwagt, sich mit dem Gruppenleiter auseinander zu setzen. Aber nur so erfährt dieser, wie seine Arbeitsweise ankommt, wo seine »blinden Flecken« liegen und welche Aufgaben er noch vor sich hat.

»Blinde Flecken« des Trainers entdecken

Ich arbeitete vor vielen Jahren einmal als Co-Trainer eines Kollegen, der die Gruppe mit Kraft und Autorität leitete. Ich selbst, noch unsicher und unerfahren, beneidete ihn um seine Souveränität. Nun musste er nach einigen Tagen der gemeinsamen Gruppenleitung familiärer Verpflichtungen wegen einmal einer Sitzung fernbleiben. Wie es häufig so geht, kam ausgerechnet in dieser Sitzung das Thema »Gruppenleiter-Autorität« auf.

Ich duckte mich weg und starrte auf den Teppich, meinte ich doch, die Gruppe werde nun 90 Minuten lang über seine Kompetenz und meine Bedeutungslosigkeit sprechen. Dies war aber, wie ich später erfuhr, weder Stimmung noch Absicht der Gruppe. Vielmehr gab es offenbar manches Feedback über seinen wie auch über meinen Leitungsstil anzumerken, und zwar keineswegs ausschließlich auf der Ebene besser – schlechter. Aber angesichts eines so verkrampft und ängstlich dasitzenden Co-Trainers erstarb das Gespräch schnell wieder, und eine Missstimmung blieb zurück.

Als der Kollege in der nächsten Sitzung wieder auftauchte, wurde er enthusiastisch begrüßt. Erst einige Tage später konnte die Gruppe mir die Diskrepanz rückmelden, die sich zwischen meinem Eifer, sie zum Feedback anzuleiten, und meiner eigenen Scheu, mich ihrem Feedback auszusetzen, aufgetan hatte, die sie schließlich handlungsunfähig machte.

72 Bericht des Heimkehrers

Manche Seminarthemen werben ausdrücklich mit ihrem innovativen Charakter. Sie stellen in Aussicht, geläufige Arbeitsabläufe zu revolutionieren oder etwas völlig Neues zu vermitteln, was es in dieser Form bisher nicht gegeben hat. Entsprechend groß ist die Hoffnung derer, die sich zu dem Seminar anmelden. Sie meinen, sich auf diese Weise vielleicht schlagartig einiger Probleme entledigen zu können. Im Seminar selbst stoßen sie vielleicht auf eine gute Thematik und Methodik. Zudem treffen sie mit Menschen zusammen, die ähnliche Änderungswünsche haben. Insofern besteht gute Aussicht, dass das Seminar ein Erfolg wird und die Teilnehmer mit Schwung und Enthusiasmus wieder an ihren Arbeitsplatz zurückkehren.

So geht es in vielen Gruppendynamischen Laboratorien, Workshops über neue Unterrichtsmethoden sowie Management-Seminaren: Die Teilnehmer sehen nach der Teilnahme einen neuen Abschnitt ihres Berufslebens heraufziehen, der durch frische Beziehungsklärung, innovative Lehrmethoden und viel Mitarbeiter-Lob gekennzeichnet sein soll.

Die Kollegen sehen den Seminarbesuch oft kritisch

Ganz anders beurteilen dann viele Vorgesetzte, Kollegen und Mitarbeiter den Seminarbesuch des Kollegen. Parallel zu seinem Enthusiasmus entwickelt sich bei ihnen Skepsis, was er da nun wieder Neues mitbringen und zum Segen für alle erklären wird. Kollegen sehen sich plötzlich umarmt und mit einem unmotiviert erscheinenden Duz-Angebot überrascht; Mitarbeiter fühlen sich mit einem überfallartigen Lob angegangen. Pädagogen erfahren, dass ihr Kollege sich in einen Prediger für ein neues Unterrichtsverfahren verwandelt, das er nun für das Nonplusultra hält. Solche übermäßigen Pendelausschläge werden sie vielleicht missmutig über sich ergehen lassen, in stillem Einverständnis ein paar Blicke wechseln und seufzen: »Ach ja, der Chef war wieder auf einem Seminar!«

Die Übung »Bericht des Heimkehrers« ermöglicht es,

❖ dass die Teilnehmer bereits während der Seminarzeit einmal vom Thema zurücktreten und es mit einer gewissen Distanz und Neutralität betrachten;
❖ dass sie ihre uneingeweihten Kollegen im Vorgriff auf die tatsächlich bevorstehende Begegnung in den Blick nehmen und
❖ dass sie die Übersetzungsarbeit von hier nach dort bereits im Seminar leisten.

Die Teilnehmer werden daher gebeten, in kleinen Gruppen unterschiedliche Rückkehr-Szenarien vorzubereiten: beispielsweise ins Schulkollegium, ins therapeutische Team, in die Abteilungskonferenz des Unternehmens, in die Familie, in den Mitarbeiterkreis, um dort von den Seminarerfahrungen zu berichten. Der Antipode im Gespräch ist eine unwissende sich unwissend stellende, skeptische, spöttische, neugierige, entsetzte Bezugsperson. In der Vorbereitung ist für beide Impulse Raum gegeben, die Zustimmung zum Seminar wie auch die Zweifel. Beides kann besonders deutlich herausgearbeitet werden, weil allen Beteiligten sowohl die Seminarerfahrung als auch das Berufsfeld vor Augen steht.

Rückkehr-Szenarien werden erprobt

Die Szenen werden anschließend im Plenum vorgeführt. Meist sind sie kleine Komödien und oft richtige Kunstwerke. Gerade in der dilettantisch-übertriebenen Darstellung durch die Laienschauspieler zeigt sich die Bilanz des Seminars: Übertriebene Hoffnung und blinde Ablehnung, die den Teilnehmern nach der Rückkehr tatsächlich begegnen, werden besonders deutlich. Scheinbar naive Fragen der Berichtsempfänger, auf die der Seminarteilnehmer nur stockend zu antworten vermag, machen ihm sichtbar, wie weit er sich schon vom Alltag entfernt und wie tief er schon in Jargon und in nicht mehr reflektierbare Selbstverständlichkeiten der Seminarkultur eingetaucht ist.

Oft ist das Rollenspiel für den Seminarleiter ein wichtiges Feedback sowohl in Hinblick auf die wichtigen Erfahrungen, die gemacht werden konnten, wie auch in Bezug auf stereotype Anteile seines Verhaltens und Phrasen, die er gern benutzt. Für alle ist die plenare Darstellung eine Gelegenheit, über die eigene Heimkehr nachzudenken und diesen Transferschritt vorzubereiten.

Strategie 14:
Seminar-Feedback

Am Ende einer jeden Veranstaltung sollte Raum für Auswertung, Resümee und Ausblick gegeben werden. Dies dient der Qualitätssicherung und leitet das Ende des Seminars ein. Bei mehrtägigen Seminaren bietet sich auch zwischendurch eine Bilanzierung an, beispielsweise am Ende jedes Seminartags oder nach Beendigung eines Lernprozesses.

Viele Firmen verfügen über eigene einheitliche Evaluationsinstrumente für ihre Seminare. Darüber hinaus ist eine gemeinsame Auswertung, gleichsam von Angesicht zu Angesicht, stets wünschenswert. Denn es geht ja am Ende dieser gemeinsam verbrachten Zeit nicht nur darum, Checklisten auszufüllen und Qualitätssicherung zu treiben. Vielmehr soll das Seminar zu einem guten Abschluss kommen. Dazu gehört in einem so personnahen Geschehen wie einem Seminar für mich auch, das persönliche Wort aneinander zu richten. Dabei ist darauf zu achten, dass dies ohne Routine geschieht, mit frischer Aufmerksamkeit für die Ideen der Seminarteilnehmerinnen und -teilnehmer.

73 Tagesreflexion

Ein Seminartag wird in der Regel durch einen mehrfachen Methodenwechsel gekennzeichnet sein, in dem Vortrag, Kleingruppenarbeit, Diskussion usw. wechseln und jeder Teilnehmer sich mit unterschiedlichen Settings, Themen und Begegnungen auseinander zu setzen hat. Auch der Gruppenleiter tritt in verschiedenen Lernarrangements und Rollen auf. Sein Kontakt zu den Teilnehmern wird sich dabei unterschiedlich dicht gestalten: Vieles wird in seiner Abwesenheit besprochen; manches Wichtige erfährt er gar nicht.

Da ist die plenare Reflexion ein vorteilhafter letzter Baustein im Tagesverlauf. Alle Teilnehmerinnen und Teilnehmer sowie alle an dem Seminar beteiligten Trainer treffen sich für die letzte halbe Stunde zu einem offenen Gespräch über den Tag selbst. Dabei sollen weder Frage und Antwort, noch Rede und Gegenrede im Vordergrund stehen. Vielmehr bedeutet diese Tagesreflexion, dass jeder der Anwesenden *seinen* Seminartag noch einmal vor seinem inneren Auge vorübergleiten lässt, von *seinen* Gedanken berichtet, seinen Mühen, Freuden und Vorsätzen, insgesamt die Verantwortung für diesen Tag übernimmt, Unerledigtes ausspricht, auf diese Weise den abgelaufenen Tag zu Ende bringt und sich klärt, festigt und öffnet für den neuen Tag.

»Nichts ist höher zu schätzen als der Wert des Tages.«
Johann Wolfgang von Goethe

Die Tagesreflexion bringt nach der Vielfalt der Tageseindrücke oft eine gewisse Gemächlichkeit und Nachdenklichkeit mit sich – Gelassenheit stellt sich ein. Das ist gut so. Kein Seminar muss von Kick zu Kick hasten; vielmehr tut der Wechsel zwischen den Polen dem Lernprozess gut.

74 Tagesauswertung

Eine weitere Möglichkeit, einen Seminartag abzuschließen, besteht darin, dass man folgendes Arbeitsblatt in Einzelarbeit von den Teilnehmern ausfüllen lässt:

Tagesauswertung

Aufgabe: Bitte ergänzen Sie folgende Sätze:

1. Mir war heute hilfreich, dass

   ....

   ....

2. Es wäre heute wichtig gewesen, wenn

   ....

   ....

3. Ich empfand Langeweile, als

   ....

   ....

4. Für mich war besonders interessant, dass

   ....

   ....

5. Ich fühle mich abgehängt, weil

   ....

   ....

6. Mich überrascht heute etwas, dass

   ....

   ....

7. Ich war enttäuscht, als

   ....

   ....

8. Ich war froh, über

   ....

In der Regel räume ich dafür den Teilnehmern eine Viertelstunde Zeit ein. Anschließend besprechen wir im Plenum die Ergebnisse. Die ausgefüllten Blätter bleiben beim jeweiligen Teilnehmer.

Eine solche Bilanzierung zeigt auch, ob an manchen Stellen noch Handlungsbedarf besteht, ob Veränderungen vorgenommen werden müssen oder ob die Teilnehmer bereit sind für den nächsten Lerninhalt. Daher sind diese Zwischenauswertungen, zum Beispiel am Ende eines Seminartages, sehr zu empfehlen.

75 Halbzeit

Eine Seminarauswertung am Ende der Veranstaltung ist nützlich und fair. Es haftet ihr manchmal aber etwas Künstliches an; ein wenig erscheint sie vielleicht wie ein Sandkastenspiel. Denn speziell im Falle herber Kritik ist es nun zu spät, noch eine neue Weichenstellung vorzunehmen. Ob der Seminarleiter aus dem Feedback der Gruppe etwas lernen wird, bleibt ungewiss. Die Teilnehmer geben das Seminar-Feedback jedenfalls nicht primär zu diesem altruistischen Zweck.

Es empfiehlt sich daher, in der Mitte des Seminars eine Zwischenauswertung vorzunehmen, also zu einem Zeitpunkt, zu dem die Teilnehmer noch Einfluss auf das weitere Seminargeschehen zu nehmen vermögen. Ein Seminarleiter wird, wenn er klug und enthusiastisch genug ist, diesen Signalen in seiner weiteren Seminarplanung Rechnung tragen. Die Halbzeitauswertung kann in Form eines Plenargesprächs stattfinden, das durch das Angebot eingeleitet wird, zwei unvollständige Sätze zu Ende zu führen.

Zwischenauswertung in der Hälfte des Seminars

Beispielsweise:

❖ *»In den letzten Tagen ist mir deutlich geworden …«*
❖ *»Ich möchte mich in der verbleibenden Zeit noch mit der Frage befassen …«*

Auf diese Weise wird die Nennung einer Vielfalt von Einsichten und Fragen ermöglicht. Die mehrfache wechselseitige Bestätigung durch ähnliche Voten zeigt andererseits Trends, die die Planung der weiteren Lehrangebote erleichtert.

Auswertung auf Plakaten

Als Variante kann die Halbzeitauswertung in der Weise vorgenommen werden, dass mehrere Teilgruppen den bisherigen Lern- und Arbeitsprozess auf die linke Hälfte eines großen Plakats malen und auf der rechten Hälfte ihre noch unerfüllten Erwartungen und Wünsche sichtbar machen.

In diesem Fall hat der Gruppenleiter es nicht mit Einzelvoten zu tun. Vielmehr hat er selbst den Diskussionsprozess ermöglicht, der nun als durchaus nachdrückliche Forderung zu ihm zurückkommt.

Auch hier gilt, was ich bereits unter dem Stichwort »Lernwünsche« gesagt habe: Der Einladung zum Nachdenken müssen Taten folgen. Andernfalls beschleicht die Teilnehmer rasch das Gefühl, sie seien nur pro forma befragt worden und hätten lediglich für den Papierkorb gearbeitet. Auch die positive Erfahrung hinterlässt Spuren, nämlich solche von Freude und Anerkennung. Gruppenleitern, die das Seminar-Feedback zur Halbzeit in ihrer Seminarplanung berücksichtigen, wird am Ende des Seminars oft zurückgemeldet, dass sie als souverän, flexibel, interessiert, engagiert und kompetent empfunden worden sind.

76 Licht und Schatten

Es ist eine gewissermaßen ästhetische Entscheidung, den Abschluss eines Seminars so zu gestalten wie den Anfang:

Wenn also die ganze Seminargruppe sich zu Beginn der Veranstaltung versammelt hat, so ist es angenehm, sich auch am Ende so wieder zusammenzufinden: Alle treffen sich ein letztes Mal, geben sich und dem Seminarleiter ein Feedback und gehen dann auseinander.

In dieser Abschluss-Sitzung kommt oft eine gewisse Befangenheit auf: Soll man dem Seminarleiter so kurz vor dem Abschied noch etwas Kritisches sagen, oder zieht man sich mit dem so genannten »Hallo: Goodbye-Effekt« aus der Affäre? Ist man ehrlich, bleibt man oberflächlich oder macht man den Spielverderber in der nun um sich greifenden Abschiedssentimentalität?

Für mich hat sich hier folgendes Vorgehen bewährt. Ich notiere an ein Flipchart drei Spalten:

- *Das war für mich wichtig.*
- *Damit hatte ich Mühe.*
- *Vorschläge für zukünftige Seminare.*

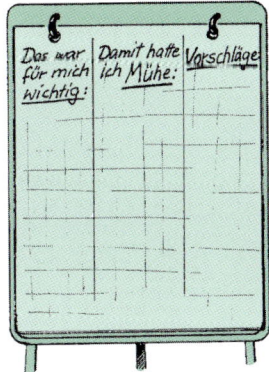

Dann bitte ich um mündliche Voten, die ich ohne Kommentar unter den drei Überschriften protokolliere. Oder die Teilnehmer notieren ihre Stellungnahmen auf Karten, pinnen sie selbst unter die entsprechenden Rubriken und lesen sie vor.

Kein Teilnehmer soll sich verpflichtet fühlen, zu allen Themen etwas zu äußern. Aber es ist für den Seminarleiter und für alle Beteiligten angenehm, wenn jeder mindestens eine Bemerkung macht. Die Fragen zielen auf Lernerfolg und Methodik ab, betonen einen Verantwortungsanteil der Teilnehmer und laden zum vorwärts gerichteten, konstruktiven Mitdenken ein (vgl. auch die Übung »Stärken und Schwächen«, Seite 35).

77 Koffer packen

Eine andere Form des Seminar-Feedbacks ist das Koffer packen, das nicht mit dem gleichnamigen Kinderspiel verwechselt werden darf. Es wird ein Doppelsatz vorgegeben:

»Ich lasse hier ... – ich nehme mit ...«,

mit der Bitte, ihn in der Plenumsrunde zu vervollständigen.

Teilnehmerinnen und Teilnehmer lassen bevorzugt dogmatische Gebote zurück, von deren Revisionsbedürftigkeit sie sich im Laufe des Seminars überzeugt haben. Ferner gibt es strenge Über-Ich-Befehle, denen sie sich nun nicht mehr verpflichtet fühlen wollen, oder Vorurteile gegen Thema, Seminarleiter und Institution, die nicht mehr gültig sind. Häufig nehmen die Teilnehmer mit: einen neuen methodischen Zugang; einen klugen Satz, der ihnen begegnet ist; ein Feedback; eine Erlaubnis, die sie sich selbst geben; einen Zuwachs an Toleranz unterschiedlichen Auffassungen und Praktiken gegenüber.

Oft zeigt sich, ohne damit der Bedeutung des Gruppenleiters Abbruch zu tun, dass sich ein Hinweis von einem der Mitteilnehmer am tiefsten eingeprägt hat. Dies bestätigen Untersuchungen aus der Gruppenpsychotherapie: Die wichtigste Einsicht verdankte die Mehrzahl der Patienten der Äußerung eines Mitpatienten (Yalom 1984).

Die Übung erweist sich allerdings insofern als begrenzt, als sie ausschließlich die persönliche Bedeutung des Seminars für den Einzelnen erfragt. Eine Auseinandersetzung mit der Seminarleitung und den Mitteilnehmern gelingt nur, wenn Teilnehmer die Instruktion ein wenig variieren.

Viele Übungen zum Seminar-Feedback sind Kombinationen aus unterschiedlichen Gesprächsinstruktionen, sodass die relevanten Fragen gewiss durch Verbindung mehrerer Instruktionen hinreichend zur Sprache kommen können.

78 Abschiedsgeografie

In dieser Übung werden persönliche Erfahrungen, Erlebnisse und Gefühle mit der unterschiedlichen Beschaffenheit von Landschaften in eine Beziehung gebracht. Die verschiedenen, subjektiven Stimmungen der Teilnehmer erhalten so eine gemeinsame symbolische Sprache. Die angebotene Metapher der Landschaftsbeschaffenheit erleichtert es den Beteiligten, Eindrücke, Gefühle und Bedürfnisse zum Ausdruck zu bringen.

Besonders gut eignet sich für dieses Verfahren die Küstengeografie. Als Seminarleiter bereite ich einen großen Papierbogen vor, der entsprechend der Küstengeografie bemalt ist. Diesen lege ich in die Mitte des Seminarraumes und gebe folgende Anweisung an die Teilnehmer:

»Die hier liegenden bemalten Blätter stellen eine Küstenlandschaft dar. Sie finden hier das feste, fruchtbare Land, dann die sandige Geest, die Marsch, das dem Meer abgerungene ›Neuland‹, die Deiche, das Schwemmland, das Watt und schließlich das offene Meer. Schreiben Sie nun auf farbige Kärtchen: die Erfahrungen (rot), die Erkenntnisse (grün), die Erlebnisse (gelb), die Sie während dieser Veranstaltung hatten. Legen Sie diese dann auf die vorbereitete Küstenlandschaft. Da gibt es dann beispielsweise Erfahrungen, die für Sie fruchtbar waren; oder Erlebnisse, die Sie befestigen, das heißt, eindeichen möchten, anderes dagegen ist bereits wieder im Meer versunken.«

Wenn dann alle Teilnehmer ihre Kärtchen ausgelegt haben, fordere ich diese auf, die Kärtchen und deren Platzierung möglichst fantasievoll zu kommentieren. Dabei stehen alle Beteiligten um die Landschaft herum.

Als Abschluss der Übung können die Eindrücke über das Gesamtwerk als kollektives Ergebnis geäußert werden (nach: Geißler 1994).

Strategie 15:
Selbst-Feedback

Wir gehen meist davon aus, dass zum Feedback mindestens zwei Personen gehören. Aber natürlich gibt es Selbst-Wahrnehmung, Selbst-Beobachtung, Selbst-Erforschung, Selbst-Gespräch, Selbst-Konfrontation, Selbst-Zweifel und Selbst-Kritik. Entsprechend kann eine Person beide Funktionen des Feedback-Vorganges selbst übernehmen. In Übung 55 wurde neben der Fremdprotokollierung bereits die Selbstprotokollierung erwähnt, an die hier noch einmal erinnert sei.

Das Selbst-Feedback ist aus mehreren Gründen von besonderen Nutzen:

❖ Mit sich selbst ist der Mensch ständig konfrontiert. Er hat sich also immer bei sich. Mithin ist zum Selbst-Feedback jederzeit Gelegenheit.

❖ Kein Mensch kennt uns so gut, wie wir uns selbst kennen, und zugleich kennt jeder von uns die Neigung zur Beschönigung und zu besonderer Großzügigkeit und Nachsicht, wenn es um die eigene Person geht. Selbst-Feedback ist also ein Training in unerschrockener Selbstbetrachtung.

❖ Das Selbst-Feedback ist eine gute Vorbereitung auf das Feedback, das wir an andere Menschen richten wollen. Einfühlsam können wir vermutlich nur sein, wenn wir uns schon etwas kennen gelernt und ausgelotet haben. Wenn wir mit dem Gesprächspartner im Feedback so achtsam umgehen wie mit uns selbst oder noch ein wenig darüber hinaus, werden wir gewiss die angemessene Dosis wählen und den richtigen Ton treffen.

79 Traum

Ein Traum teilt uns in verschlüsselter oder offener Form etwas über uns mit. Nicht immer findet sich eine einzige, eindeutige Bedeutung des Geträumten. Immer ist es aber möglich, den Traum auf der Objektstufe zu betrachten. Das heißt: Personen, Ereignisse und Affekte des Traums werden angesehen, *als seien sie real*. Wer dann beispielsweise von seiner Braut als Hexe oder Prostituierte träumt oder sich an dem Arbeitsplatz, auf den er sich beworben hat, verzweifelt und erschöpft sieht, mag innehalten und sich fragen, ob er sich richtig entschieden hat.

»Wer wagt, durch das Reich der Träume zu schreiten, gelangt zur Wahrheit
E.T.A. Hoffmann

Manchmal treten im Traum Mitmenschen oder Stimmen auf, die vor einem bestimmten Schritt warnen. Oder der Mensch selbst verhält sich im Traum vitaler und angemessener als im Wachbewusstsein und wacht dann bedrückt auf, weil er dieses andere Verhalten eben nur im Traum und nicht am Tage zustande bringt. Dann mag der Traum ihm eine Wegweisung sein.

Träume sind nie eindeutig, aber sie sollten in ihrer vielschichtigen Bedeutung betrachtet und sorgsam behandelt werden. Auch wenn wir sie nicht plausibel deuten können, lohnt es sich, das Traumbild in den Tag und ins Bewusstsein mit hinüberzunehmen. Als Bild wirkt es auch ohne Worte bereichernd und stärkend. Wir können dies mit dem Märchen vergleichen, das auf das Kind bekanntlich als Bild und nicht durch seine Interpretation wirkt.

Traum-Assoziationen

Wenn wir jemanden bitten, zu einem Traum oder einem Erlebnis zu assoziieren, also seine ersten Einfälle dazu ohne Selbstzensur zu äußern oder niederschreiben, so erfahren wir unter Umständen rasch Fantasien und Antizipationen, die der Betreffende dazu hat, und begreifen Engpass und Möglichkeiten, die für ihn in dieser Hinsicht bestehen. Jedoch bedürfen Assoziationen oft der Amplifikation oder Erläuterung durch einen Gesprächspartner.

Ich frage manchmal in der Morgenrunde oder bei einem morgendlichen Blitzlicht im Seminar, ob vom Vortag etwas unerledigt geblieben sei, das ausgesprochen werden wolle, ob jemand etwas Merkwürdiges geträumt habe oder ob sonst etwas besprochen werden müsse, bevor wir mit dem Thema fortfahren. Auf diese Weise wird die Aufmerksamkeit der Gruppe beiläufig auf unbewusste seelische Vorgänge gelenkt. Manchmal fällt aufgrund dieser Einleitung jemandem tatsächlich ein Traum ein; oder ein Teilnehmer erwähnt, er habe seit Jahren zum ersten Mal wieder geträumt. Ich deute Träume, die in diesem Kontext berichtet werden, aus Prinzip nicht. Stattdessen schlage ich vor, dass der Berichtende sich den Traum vielleicht aufschreibt, sich Trauminhalt und Traumstimmung über den Tag hinweg im Bewusstsein bewahrt und, falls ihm ein Einfall kommt, was der Traum ihm oder uns allen mitteilen wolle, er im Plenum davon berichtet.

80 Identifikation

Perspektivenwechsel

Manche Seminarteilnehmer sind so in Konflikte verstrickt, dass es ihnen schwer fällt, von ihrer eigenen Perspektive loszukommen und den Kontrahenten in den Blick zu nehmen, um auch dessen Beweggründe verstehen zu lernen. Dann ist der Vorschlag hilfreich, der Seminarteilnehmer möge sich mit einem Kollegen, Mitarbeiter, Gegenstand oder Thema identifizieren und aus dieser Perspektive heraus zu sprechen beginnen. Dabei kommt es durch bewusste Nutzung des Projektionsvorgangs zu eindrucksvollen Einsichten. Werden dabei Komplexe angerührt, so kommt es bisweilen zu explosionsartigen kathartischen Erlebnissen.

Die Möglichkeit, sich zu identifizieren, steht bei der gezielten Suche nach kreativen Problemlösungen oft im Mittelpunkt. Ein Team von Konstrukteuren mag etwa vor der Aufgabe stehen, ein Flugzeug zu entwerfen, das für extrem kurze Start- und Landebahnen tauglich ist. Dann werden dazu gewiss viele Ideen zusammenkommen.

Perspektive und Qualität der Lösungsvorschläge ändern sich noch einmal qualitativ entscheidend, wenn zum Beispiel die Techniker einmal in die Rolle des zukünftigen Flugzeugs hineinschlüpfen: sich also auf den Bauch legen, die Arme wie Flügel ausbreiten und für ein paar Minuten das Flugzeug sind.

Wer einmal selbst Körperhaltung, Atmung oder Gesichtsausdruck einer anderen Person ausführt, kann recht gut erahnen, was in dem anderen vorgeht.

81 Gedanken-Experiment

Jemand stellt sich eine Lebenslage, einen Situationsverlauf oder eine Entscheidung, mit der er Probleme hat, möglichst plastisch vor. Gleichzeitig beobachtet er Gedanken, Gefühle und Handlungsimpulse, die dabei in ihm aufsteigen. Ihm mag dann klar werden, was er will und was in seinen Möglichkeiten liegt, aber auch, was er ablehnt und als Lösung ausschließt.

> *So überlegte ein Vorgesetzter in der Teamberatung längere Zeit hin und her, ob er einen bestimmten Kollegen bitten solle, mit ihm zusammen ein neues Projekt zu übernehmen. Als er sich vorstellte, dem Kollegen im Gespräch gegenüberzusitzen, wurde ihm schlagartig klar, dass er diese Zusammenarbeit gar nicht wollte.*

Das Gedanken-Experiment ist ein Probehandeln, ohne bei ungewisser Qualität der Option gleich die Konsequenzen der vollzogenen Handlung auf sich nehmen zu müssen. Dem gedanklichen Probehandeln als Fähigkeit kommt geradezu der Rang einer Kompetenz zur Lebensbewältigung zu. Fehlentscheidungen und persönliches Unglück gehen häufig darauf zurück, dass Menschen die Konsequenzen ihres Tuns nicht abzuschätzen verstehen, sondern kindhaft denken, es werde sich schon alles von selbst richten. Gedanken-Experimente eröffnen den Blick sowohl auf Gefahren als auch auf Chancen der zukünftigen Entwicklung. Sie weisen ebenso den Weg zur Vorsicht wie auch zu entschlossenem Handeln.

Handeln ausprobieren

82 Selbstgespräche in der Gruppe

Vermutlich führt jeder Mensch gelegentlich Selbstgespräche. In Seminaren lohnt es sich manchmal, diesen inneren Monolog gezielt anzuregen. Er hilft oft, sich über eigene Motive, Wünsche, Sorgen, Hoffnungen und Erwartungen Klarheit zu verschaffen. – Auch das Gebet ist neben der Ansprache an einen personalen Gott stets Dialog mit den eigenen Ängsten, Zweifeln und Hoffnungen. Es wird von vielen Menschen als entlastend und klärend empfunden. *Wenn also jemand sehr mit sich selbst hadert, unschlüssig oder entschei-*

Innerer Monolog schafft Klarheit

dungsunfähig ist, zwischen Hoffen und Bangen nicht zum Handeln findet, so ist es eine Hilfe, ihn zu einem Selbstgespräch einzuladen. Der Eingangssatz kann etwa lauten:

»Was will ich eigentlich?« – »Einerseits ... und andererseits ...« – »Was blockiert mich ...Was hilft mir weiter ...?«

Danach hat er alle Freiheit, das auszusprechen, was ihm in den Sinn kommt, und auch die Zeitspanne, die er benötigt, ist in sein Ermessen gestellt. Der Gruppenleiter wird nur dann eingreifen, wenn eine Klärung gefunden ist, die Gruppe Ermüdungserscheinungen zeigt oder der betreffende selbst nicht mehr mit Energie bei der Sache ist. Dabei gilt: Ein Erfolg kann weder in Aussicht gestellt noch gefordert werden. Aber der Schritt, der getan wird, führt selbst dann, wenn ein handgreifliches Ergebnis ausbleibt, zu einer Zwischenetappe auf dem Weg zum Ziel und verdient Respekt.

83 Spaziergang in Begleitung

Das Selbstgespräch erfährt eine Intensivierung, wenn es von einer selbstgewählten wichtigen Person begleitet wird, die ihre Präsenz und ihr Engagement in taktvoller zurückhaltender Art spürbar werden lässt.

In einem Seminar für Führungskräfte, die sich im letzten Abschnitt ihres Arbeitslebens noch einmal neu orientieren wollten, schlug ich folgendes Vorgehen vor: Die Teilnehmer wählen sich einen Gesprächspartner aus. Jeweils einer der beiden hat dann eine halbe Stunde lang Zeit zur Verfügung, während eines gemeinsamen Spaziergangs über das Thema »Meine Fantasien, Wünsche und Pläne für die verbleibenden Berufsjahre« mit sich selbst zu sprechen. Der andere Teilnehmer fungiert ausschließlich als Begleiter. Er signalisiert lediglich mit kurzen Äußerungen der Zustimmung seine Anwesenheit und seelische Präsenz. Darüber hinaus darf er nur sparsame Bemerkungen machen und knappe Fragen stellen. Zum Beispiel:

- *»Das habe ich noch nicht ganz verstanden.«*
- *»Wird das wirklich gehen?«*
- *»Wie sieht das konkret aus?«*
- *»An welche Zeitspanne denken Sie dabei?«*
- *»Sind Sie noch beim Thema?«*

Generell gilt dabei: Der Gesprächspartner soll darauf verzichten, den anderen in einen Disput zu verwickeln. Die Redezeit gehört also ausschließlich demjenigen, der den inneren Monolog führen will. Allenfalls in der letzten Viertelstunde ist es dem Begleiter gestattet, einige Eindrücke zu schildern, wenn sein Gesprächspartner ihn darum ersucht.

Nach der Rückkehr in die Gruppe, berichteten alle, diese Zeit sei in großer Intensität verlaufen. Auch diejenigen, die »nur« Begleiter gewesen waren, hatten offenbar viel von dem Zusammensein gehabt.

Auch das Tagebuch ist eine Form der Selbstkommunikation. Genau wie bei diesem steht bei dem Spaziergang in Begleitung die Selbsterforschung an erster Stelle. Erst in zweiter Linie richtet sich das Gespräch an ein Gegenüber.

Das Tagebuch als Selbstkommunikation

84 Zirkuläres Team-Feedback

Manche Menschen können nicht genau einschätzen, wie sie von ihren Team-kollegen gesehen werden. Sie tun sich oft schwer damit, danach zu fragen. In diesem Fall ist es möglich, in Form eines vorübergehenden Rollenwechsels die eigene Person aus der Perspektive der anderen zu betrachten und mit ersten Einfällen zu beschreiben. Auf diese Weise werden vielfach wichtige Eigenarten der Arbeitsbeziehung sichtbar.

So bezeichnete ein Vorgesetzter aus dem Blickwinkel seiner Mitarbeiterinnen und Mitarbeiter sich selbst als:

- *Wirbelwind,*
- *mit vielen Händen in allen Töpfen,*
- *Rakete,*
- *Tausendsassa,*
- *guter Freund,*
- *verehrter Meister.*
- *Warum schmeißt er mich eigentlich nicht raus?*

Er las aus diesen für ihn selbst überraschenden Äußerungen: Bewunderung, gepaart mit etwas Skepsis, Dankbarkeit und Erstaunen. Er beschloss danach, der einen Mitarbeiterin etwas mehr Zeit zu widmen, dem anderen Mitarbeiter ein väterlicher Freund zu bleiben und den Dritten mehr anzuleiten, damit dieser sein Leistungstief überwinden könne.

85 Selbstentwicklungs-Skala

Viele Vorgesetzte haben Personalgespräche zu führen. Wenn diese Fähigkeit in Seminarform geübt wird, so ist es oft hilfreich, vor dem Feedback von außen mit einem Selbst-Feedback zu beginnen. Auf diese Weise wird ein Gefälle zwischen einem besserwissenden oder besserwisserischen Trainer und einem noch unerfahrenen Seminarteilnehmer vermieden. Stattdessen formuliert der übende Vorgesetzte selbst nahezu alles das, was er in einem Gespräch von guter Qualität zu beachten wünscht.

Ich beginne, fußend auf der lösungsorientierten Arbeit von Steve de Shazer (1994), indem ich dem Vorgesetzten nach dem ersten Übungsgespräch eine Skala von 1 bis 10 vorstelle:

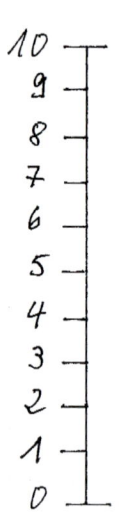

Die 1 bedeutet, das Gespräch sei ein vollständiges Desaster gewesen, die 10, es sei in allen Phasen brillant verlaufen. Ich bitte den Teilnehmer zu entscheiden, wie er die Qualität des soeben absolvierten Gesprächs auf dieser Skala einschätzt (z.B. 3, 6, 8). Ich lade ihn ein, den Skalenpunkt selbst zu markieren und auch in Worten auszusprechen, was er mit dieser Wahl ausdrücken will. Dann nenne ich ihm die Stärken, die ich in seiner Gesprächsführung erkannt habe. Ist dies getan, so bitte ich ihn um ein kleines Gedankenexperiment, wenn er im nächsten Gespräch von der 3 zur 4, von der 6 zur 7 oder von der 8 zur 9 vorankommen wolle: Was nimmt er sich vor, dann anders zu machen, als bei dem Gespräch, das wir eben erlebt haben? Diese Frage inspiriert ungemein. Es geht – so der Grundgedanke der Lösungsorientierung – nicht um Fehlersuche, sondern darum, zu den bestehenden Fähigkeiten zusätzliche Aspekte zu entwickeln. Das lädt zum Erproben ein, und die Motivation, den nächsten Übungsschritt zu tun, ist verständlicherweise in der Regel hoch.

86 Abschreiten der Lebenslinie

»Wie du am Ende deines Lebens wünschst, gelebt zu haben, so kannst du jetzt schon leben.«
Marc Aurel

Eine bei Antons (1998) beschriebene Übung zielt darauf ab, über das bisherige Leben Bilanz zu ziehen und eine Zukunftsperspektive zu entwickeln. Die Teilnehmerinnen und Teilnehmer konfrontieren sich selbst mit radikalen Fragen über Fähigkeiten, Erfolge, Wünsche und Pläne entlang der Vergangenheit, Gegenwart und Zukunft ihrer Lebenslinie und antworten sich selbst. Später tauschen sie sich in Dreiergruppen aus. Im Prinzip bleibt die Übung aber selbstreferentiell.

Dieses Abschreiten kann auch zeichnerisch umgesetzt werden. Eine Fortsetzung und weitere Erlebnisintensivierung erfahren die Teilnehmerinnen und Teilnehmer, wenn sie ihre Lebenslinie nicht nur zeichnen, sondern sie mit Höhen und Tiefen im Raum abschreiten.

In der Bewegung steigen Erinnerungen, Bilder und Gefühle in ihnen auf. In Anwesenheit der Gruppe von Erfolgsphasen ihres Lebens auf die dunkle Seite überzuwechseln kostet manchen eine Portion Überwindung. Aber am Ende sind alle erleichtert, dass sie sich um eine ehrliche, realistische Selbstdarstellung bemüht haben. Ich selbst habe mich der Übung mehrmals unterzogen und war, begleitet von der Resonanz der Gruppe, auch bei der Wiederholung bewegt von der Intensität des Erlebens.

87 Seminar-Brief

Am Ende aller Seminare steht die Frage des Transfers. Sie wird stets nur partiell beantwortet. Der größte Teil der Transferarbeit muss vom einzelnen Teilnehmer selbst geleistet werden, so praxisnah das Seminar auch angelegt sein mag. Die wirkliche Praxis findet am Tag nach dem Seminar statt.

Eine kleine Übung am Ende der Veranstaltung stellt jedenfalls sicher, dass sich die Teilnehmer zu einem späteren Zeitpunkt noch einmal an das Seminar erinnern und sich Dinge vor Augen führen, über die sie damals nachgedacht haben: der Seminar-Brief.

Ich bitte die Teilnehmerinnen und Teilnehmer also, am letzten Tag einen Brief an sich selbst zu schreiben. Thema des Briefes soll ein kluger guter Gedanke sein, den der Briefschreiber während des Seminars gehabt hat und der ihm so gut gefällt, dass er sich später gern noch einmal an ihn erinnern möchte. Diesen Brief klebt jeder Seminarteilnehmer zu und adressiert ihn an sich selbst. Auf dem Umschlag notiert er, wann er ihn erhalten möchte. Zu diesem Zeitpunkt sende ich den Brief zu.

Wenn ich Seminarteilnehmer später einmal wieder sehe, erwähnen sie oft, dass der Brief pünktlich bei ihnen angekommen ist und dass sie sich über den Inhalt gefreut haben.

Diesen Übungsschritt können Sie selbst jetzt gleich nachvollziehen: Schreiben Sie an sich selbst, welcher gute Gedanke Ihnen während der Lektüre dieses Buches gekommen ist, und notieren Sie sich – die Instruktion ein wenig variierend – in Ihrem Terminkalender, wann Sie diese Seite des Buches ein zweites Mal lesen wollen.

Seminar-Brief: Ein guter Gedanke, der mir bei der Lektüre dieses Buches gekommen ist

----

Zeitgeistliches: Feedback als Gesellschaftsspiel

Mittlerweile sind Themen aus Therapie und Selbsterfahrung in viele Bereiche des gesellschaftlichen Lebens eingedrungen. In Zeitschriften erscheinen Cartoons mit Beziehungs-Anspielungen und psychologischem Hintersinn. Auf allen Fernsehkanälen stülpen Menschen öffentlich ihre intimsten Regungen nach außen. Seminare für Führungskräfte verfolgen, ohne so benannt zu werden, gleichermaßen therapieähnliche Ziele und bieten Klärungen für Lebenskrisen. Analog ist das Feedback mittlerweile auch als Gesellschaftsspiel hoffähig geworden.

88 Personenraten

Erwachsene können in diesem Spiel Feedback geben und erhalten. Ein Teilnehmer der Runde verlässt den Raum. Die anderen einigen sich, welcher der Anwesenden im folgenden Gespräch im Mittelpunkt steht. Der hinausgegangene Teilnehmer muss nach seiner Rückkehr raten, auf wen aus der Runde sich alle geeinigt haben. Dazu stellt er nacheinander jedem eine Frage.

Zum Beispiel:
- *Welcher Komponist passt zu der zu ratenden Person?*
- *Welche Lektüre passt zu ihr?*
- *Welcher Stein passt zu ihr?*
- *Welches Getränk passt zu ihr? usw.*

Es soll darauf nun nicht geantwortet werden, von welchem Komponisten der Betreffende die meisten CDs besitzt, was er liest, welche Steine in seinem Garten liegen und was er trinkt. Vielmehr sollen die Antworten etwas über das Wesen der zu erratenden Person zum Ausdruck bringen und sich dabei des Bildes bedienen, das ihm in der Frage zur Verfügung gestellt wird. Besonders treffende Antworten lösen oft Heiterkeit aus. Für die zu erratende Person ist es aufschlussreich zu erfahren, mit welchen Bildern und Begriffen sie in Verbindung gebracht wird. Alle Teilnehmer mag es erstaunen, wie lange das Raten manchmal dauert und wie oft der Ratende danebengreift. Selbst wenn man denkt, die Antworten wiesen doch ganz eindeutig auf einen bestimmten Teilnehmer der Runde hin (vgl. Übung 22: »Kaufhaus«).

89 Sensis

Das Spiel »Sensis« aus den 70er-Jahren half angeblich herauszufinden, wie gut jeder in einer Gruppe mit jedem anderen harmoniert.

Der Spielablauf erfolgt folgendermaßen: Jeder Teilnehmer aus der Runde erhält reihum von einem Stapel eine Karte mit einer Frage, die mit Nein oder Ja zu beantworten ist. Zum Beispiel: »Würden Sie sich im Restaurant beschweren, wenn Sie mit dem Essen nicht zufrieden sind?« Der entsprechende Teilnehmer muss nun selbst verdeckt mit Ja oder Nein antworten. Alle anderen sollen ebenfalls angeben, mit welcher Reaktion des Mitspielers sie rechnen. Findet ihre Vermutung in seiner tatsächlichen Antwort Bestätigung, so erhalten sie einen so genannten Harmoniepunkt. Wer am Ende die meisten Punkte gesammelt hat, hat gewonnen. Er oder sie »harmoniert« am ausgeprägtesten mit den Mitspielerinnen und Mitspielern.

Dieses Spiel knüpft an die Erfahrung an, dass ein Gutteil unserer Kommunikation darin besteht, Aussagen zu machen, denen unsere Gesprächspartner zustimmen können. Übereinstimmung in der Beurteilung von Sachverhalten führt zu Sympathie, Vertrauen und Liebe. Insofern legt die Übereinstimmung zwischen persönlichen Stellungnahmen und Vermutungen anderer Personen darüber tatsächlich einen gewissen Grad an Menschenkenntnis, Nähe und Vertrautheit oder eben, wie das Spiel »Sensis« sagt, »Harmonie« zwischen den Beteiligten nahe.

90 Therapy

Der neueste Verkaufserfolg auf diesem Gebiet ist das Gesellschaftsspiel »Therapy«, das mittlerweile schon in zweiter erweiterter Auflage erschienen ist. Es fragt ähnlich wie Sensis nach Übereinstimmungen in Selbst- und Fremdeinschätzung, kombiniert dies aber mit der Vermittlung überraschender Ergebnisse aus der psychologischen Forschung und verulkt nebenbei die ganze Zunft in erfrischender Weise. Zugleich wird beiläufig der Blick für eigene seelische Vorgänge und Beziehungen geschärft.

91 Lifestyle

Gesucht wird der Spieler mit dem besten Fingerspitzengefühl, dem es gelingt, die meisten Vorlieben, Stärken, Meinungen und lang gehegten Wünsche der Mitspieler in sieben Themenbereichen zu entdecken.

Nach jeder Runde erfolgt eine Wertung. Jede Übereinstimmung bringt die eigene Spielfigur um ein Feld voran. Wer mit seiner Spielfigur zum Schluss vorne liegt, hat gewonnen.

Ausklang

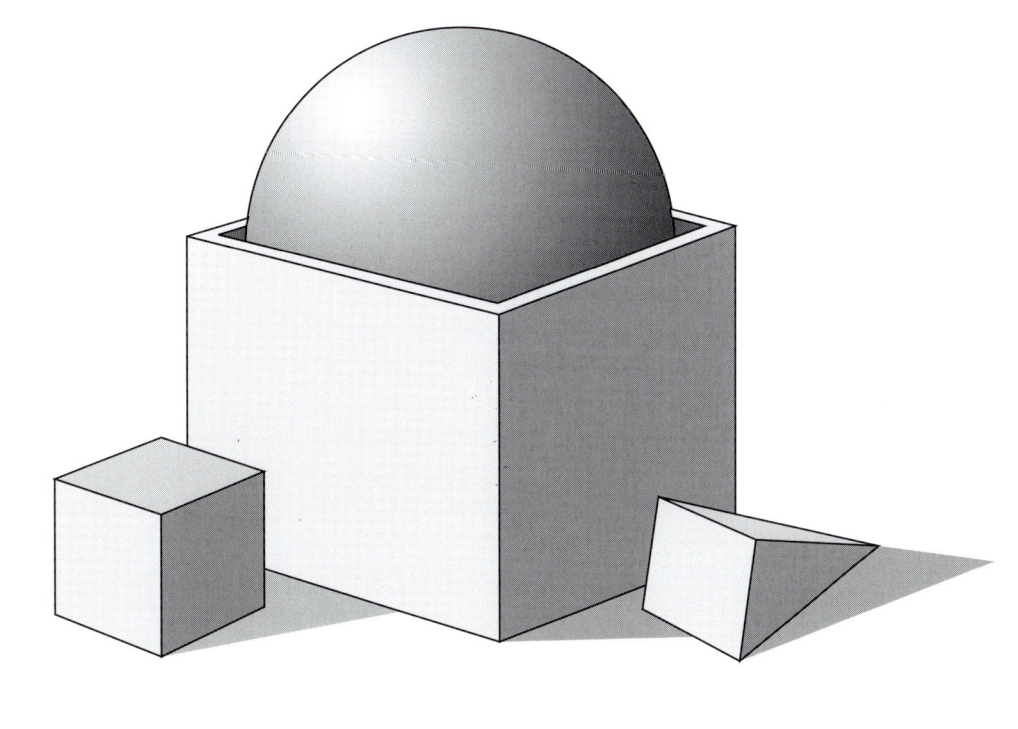

Nachwort

Indikationsfragen

Feedback-Übung als Intervention

In den vorangegangenen Kapiteln habe ich jeweils Situationen skizziert, die ein bestimmtes Vorgehen nahe legen. Das Feedback kann jeweils in unterschiedlicher Form etwas zur Klärung der Beziehungen beitragen und einen neuen Handlungsimpuls geben. Darüber hinaus gibt es eine Reihe von allgemeinen Gründen, eine Feedback-Übung als Intervention zu wählen. Hier ist weniger von der spontanen Geistesgegenwart der Gruppenleiterin oder des Gruppenleiters die Rede, sondern von der Möglichkeit, Lernprozesse in Seminar, Training, Erwachsenenbildung und Therapie- bzw. Supervisions-Ausbildung umsichtig vorzubereiten. Ich denke dabei an folgende Anlässe, eine Feedback-Übung in einen solchen Lernprozess einzuplanen.

Eine Feedback-Übung kann eingesetzt werden, wenn

❖ das Geben und Nehmen von Feedback selbst Gegenstand und Ziel des Seminars ist;
❖ eine bestimmte Erfahrung zu einem bestimmten Zeitpunkt (zum Beispiel wenn eine Gruppe sich kennen lernt) nur auf diese Weise in aller Deutlichkeit und Kompaktheit zu vermitteln ist;
❖ sie im Vergleich mehrerer Interventionen aus unterschiedlichen psychologischen Schulen das Besondere der gruppendynamischen und humanistischen Zugangsweise verdeutlichen soll;
❖ mit ihrer Hilfe Gesichtspunkte sichtbar gemacht werden können, die andernfalls keine Beachtung finden oder abgewehrt werden würden;
❖ auf diesem Wege eine Störung oder Stockung der Kommunikation überwunden oder ein Konflikt gelöst werden kann;
❖ sie Irrtum, Missverständnis oder Beziehungsstörung zu klären hilft.

Stehen mehrere Feedback-Übungen zur Auswahl, dann sollten Sie diejenige auswählen, die am klarsten zum Ziel führt. Gleichzeitig sollten Sie darauf achten, wie viel Aufwand an Instruktion und Durchführung notwendig ist, und gegebenenfalls diejenige Übung mit dem geringsten Aufwand wählen. Das hängt natürlich auch von dem Zeitrahmen ab, der Ihnen zur Verfügung steht.

Feedback und Lebenshaltung

Feedback zu geben und zu empfangen ist mehr als eine Technik. Es kann auch Hinweis auf eine Lebenshaltung sein, die den Werten der Humanistischen Psychologie verbunden ist:

Feedback ist auch Einstellungssache

❖ Wer ein Feedback gibt, bemüht sich darum, der Einzigartigkeit des Gegenübers mit Einfühlung nahe zu kommen.

❖ Diese Mitteilung ist um Echtheit und Wahrhaftigkeit bemüht. Sie respektiert den anderen in seiner Art und fällt deshalb behutsam aus. Wir sehen vielleicht vieles an unserem Gesprächspartner, aber wir wählen mit Bedacht aus, was wir ihm sagen.

❖ Wer Feedback erhält, bemüht sich um Offenheit für die Erfahrung, die er in diesem Augenblick macht, und für alle Gedanken, Gefühle und Handlungsimpulse, die sich in ihm regen.

❖ Er nimmt sich wie auch den anderen in einem unwiederholbaren Moment der Begegnung wahr.

Dieses Buch ist ein Angebot, einige Schritte auf dem Weg zu solchen Begegnungen zu machen.

Für das Feedback in und zwischen Gruppen gibt es eine unendlich große Vielzahl und Vielfalt von Übungen. Viele lassen sich besser aus der momentanen Situation heraus entwickeln als in allgemeiner Form konzipieren. Teilnehmerinnen und Teilnehmer werden es dem Gruppenleiter danken, wenn er den Feedback-Prozess aus gegenwärtigen gemeinsamen Erfahrungen frisch gestaltet und dabei auch auf Vorschläge aus der Gruppe eingeht.

Übungen sollen nie dazu dienen, dem Gruppenleiter einen Auftritt zu ermöglichen oder seine Angst vor einem ungewissen Verlauf der Sitzung wegzustrukturieren. Es ist von Gruppenleiterinnen und Gruppenleitern zu fordern, dass sie auch in unübersichtlichen Gruppensituationen den Überblick behalten und gelassen bleiben. Dies hilft ihnen, bei der Auswertung einer Übung vorgeplanten wie auch überraschend eintretenden Entwicklungen Raum zu geben.

Generell gilt: Jedes Feedback-Verfahren ist nur so gut wie derjenige, der es einführt und in seiner Person vorlebt. Die spontan entwickelte Form ist dabei alle Mal dem festen Repertoire vorzuziehen, auf das jemand ohne Bezug zur aktuellen Situation zurückgreift. So soll dieses Buch auch sichtbar machen, wie vielschichtig, auf welchen Kanälen und mit welchen Instruktionen Feedback ermöglicht und gegeben werden kann. Vermutlich werden viele Gruppenleiterinnen und Gruppenleiter dann am lebendigsten mit der Gruppe zu arbeiten vermögen, wenn sie alle hier genannten und auch noch weitere Verfahren aus eigener Anschauung und Erfahrung kennen lernen, sie dann aber wieder vergessen und sich jeweils ganz neu auf den Einzelfall einstellen.

Es hat sich übrigens eine gute gruppendynamische Tradition herausgebildet, Übungen, die man selbst entwickelt hat, nicht als Privateigentum zu betrachten, sondern sie Kolleginnen und Kollegen ohne Bedenken zur Verfügung zu stellen. Auf diese Weise ist eine große Zahl von Übungen im Umlauf, deren Herkunft oft nicht mehr klärbar ist und zu denen alle in diesem Bereich Arbeitenden freien Zugang haben. Ich kann allen Leserinnen und Lesern der vorliegenden Darstellung empfehlen, dieser kollegialen Praxis beizutreten.

Feedback-Übungen im Überblick

Literaturverzeichnis

Antons, K.: Praxis der Gruppendynamik. Hogrefe, Göttingen [7]1998.

Bach, G./Bernhard, Y.: Aggression-Lab. Albucerque Press, Albucerque 1972.

Benne, K.D./Bradford, L.P./Lippitt, R.: Die Laboratoriumsmethode. In: Bradford, L.P./Gibb, J.R./Benne, K.D. (Hrsg.): Gruppentraining. T-Gruppentheorie und Laboratoriumsmethode. Klett, Stuttgart 1972.

Blake, R./Mouton, J.: Das Verhaltensgitter. Econ, Düsseldorf 1964.

Brocher, T.: Gruppendynamik und Erwachsenenbildung. Zum Problem der Entwicklung von Konformismus oder Autonomie in Arbeitsgruppen. Westermann, Braunschweig 1967.

Cannon, W.B.: Wut, Hunger, Angst und Schmerz. Urban und Schwarzenberg, München 1975.

Cohn, R.: Von der Psychoanalyse zur themenzentrierten Interaktion. Klett-Cotta, Stuttgart [13]1997.

Däumling,A.M./Fengler, J./Nellesen, L.J./Svensson, A.: Angewandte Gruppendynamik. Klett, Stuttgart 1974.

Fengler, J.: Verhaltensänderung in Gruppenprozessen. Quelle und Meyer, Heidelberg 1975.

Fengler, J.: Selbstkontrolle in Gruppen. Theorie, Praxis, Evaluation. Kohlhammer, Stuttgart 1980.

Fengler, J.: Sozialpsychologische und soziologische Modelle der Gruppe. In: Petzold, H./Frühmann, R. (Hrsg.): Modelle der Gruppe in Psychotherapie und psychosozialem Handeln. Band I und II. Junfermann, Paderborn 1984.

Fengler, J.: Zur Bedeutung des Marathon-Ansatzes für die Entwicklung der Gruppenmethoden in Deutschland. In: Petzold, H./Scharfe, H. (Hrsg.): Festschrift für George Bach. Kreative Aggression. S. 23–33. Junfermann, Paderborn 1985.

Fengler, J.: Funktionen, Rollen, Posen. Trainerstile im Wandel. In: Schwarz, G./Heintel, P./Weyrer, M./Stattler, H. (Hrsg.): Gruppendynamik. Geschichte und Zukunft. Festschrift für Traugott Lindner, dem Pionier der Gruppendynamik in Europa, anläßlich seines siebzigsten Geburtstages. WUV-Universitätsverlag Wien 1993, S. 95–104.

Fengler, J.: Süchtige und Tüchtige. Begegnung und Arbeit mit Abhängigen. Pfeiffer, München 1994.

Fengler, J.: Konkurrenz und Kooperation in Gruppe, Team und Partnerschaft. Pfeiffer, München 1996.

Fengler, J.: Helfen macht müde. Zur Analyse und Bewältigung von Burnout und beruflicher Deformation. Pfeiffer, München [5]1998.

Geißler, K.A. (Hrsg.): Gruppendynamik für Lehrer. Was Lehrer verändern können. Rowohlt, Reinbek 1979.

Geißler, K.A.: Anfangsituationen. Was man tun und besser lassen sollte. Beltz, Weinheim und Basel [7]1997.

Geißler, K.A.: Schlußsituationen. Die Suche nach dem guten Ende. Beltz, Weinheim und Basel [2]1994.

Höper, C.-J./Kutzleb, U./Stobbe, A./Weber, B.: Die spielende Gruppe. 115 Vorschläge für soziales Lernen in Gruppen. Pfeiffer, München 1974.

Jung, C.G./Franz, M.-L. von/Henderson, J.L./Jacobi, J./Jaffé, A.: Der Mensch und seine Symbole. Walter Olten 1975.

Knoll, J.: Kurs- und Seminarmethoden. Beltz, Weinheim und Basel [7]1997.

König, O.: Macht in Gruppen. Gruppendynamische Prozesse und Interventionen. Pfeiffer, München 1996.

König, O. (Hrsg.): Gruppendynamik. Geschichte, Theorien, Methoden, Anwendungen, Ausbildung. Profil, München 1997.

Leutz, G.: Das klassische Psychodrama nach J.L. Moreno. Springer, Berlin 1992.

London, M.: Job Feedback: Giving, seeking and using Feedback for performance improvement. Lawrence Erlbaum Associats, Mahwah, New Jersey 1997.

Luft, J.: Einführung in die Gruppendynamik. Klett, Stuttgart 1970

Riemann, F.: Grundformen der Angst. Reinhardt, München 1975.

Schulz von Thun, F.: Miteinander reden. Störungen und Klärungen. Psychologie der Kommunikation. Rowohlt, Reinbek 1981.

Schulz von Thun, F.: Miteinander reden 2. Stile, Werte und Persönlichkeitsentwicklung. Differentielle Psychologie der Kommunikation. Rowohlt, Reinbek 1989.

Schulz von Thun, F.: Praxisberatung in Gruppen. Erlebnisaktivierende Methoden mit 20 Fallbeispielen zum Selbsttraining für Trainerinnen und Trainer, Supervisoren und Coachs. Beltz, Weinheim und Basel [2]1998.

Thomann, C./Schulz von Thun, F.: Klärungshilfe. Rowohlt, Reinbek 1988.

Toelstede, B.G./Gamber, P.: Video-Training und Feedback. Beltz, Weinheim und Basel 1993.

Yalom, I.: Gruppenpsychotherapie. Ein Handbuch. Pfeiffer, München 1984.

Stichwortverzeichnis

W BELTZ WEITERBILDUNG

Bodo G. Toelstede / Paul Gamber
Video-Training und Feedback
107 Seiten. Broschiert.
ISBN 3-407-36311-7

Der Erfolg eines Video-Trainings hängt entscheidend von den richtigen Feedback-Methoden ab. Traditionelle Methoden sind hilfreich, wenn Rückmeldungen über konkret beschreibbare und überprüfbare Fertigkeiten gegeben werden. Es gibt aber Probleme, wenn es um Einstellungs- und Bewußtseinsveränderungsprozesse geht. Hier bietet die FISA-Methode einen Rahmen für videounterstützte Trainings. Persönliche Veränderungsprozesse werden so tatsächlich möglich.

»Das Buch zeigt sicher eine für viele Leser neue Betrachtungsweise des Video-Trainings auf. Es ist übersichtlich aufgebaut und gegliedert. Sehr hilfreich ist, daß in den jeweiligen Kapiteln immer eine Zusammenfassung und ein Fazit zu finden sind.«
Der deutsche Berufsausbilder

Aus dem Inhalt:
Das Problem der »Objektivität« im Videotraining; Selbstkonfrontation und ihre Auswirkungen auf den Lernprozess; Feedback-Methoden; Video-Feedback nach der FISA-Methode; Anwendungsbereiche der FISA-Methode.

Karlheinz A. Geißler
Anfangssituationen
Was man tun und besser lassen sollte.
179 Seiten. Broschiert.
ISBN 3-407-36303-6

Teilnehmer und Kursleiter kennen pädagogische Anfangssituationen: Die Veranstaltung beginnt mit einem kurzen Eröffnungswort, daran anschließend folgt die Bitte, sich doch vorzustellen. Reihum hört man Namen, berufliche Tätigkeiten und vielleicht auch ein paar private Worte. Einige wenige Teilnehmer sitzen alleine, die meisten warten ...
Die spannendste Situation ist immer der Anfang, oft aber auch die schwierigste. Wer kennt nicht das Problem, den Einstieg zu finden. Dabei ist ein gelungener Start oft schon die halbe Miete.
Karlheinz A. Geißler gibt in diesem Buch konkrete Hinweise, was man als Dozent, als Kursleiterin tun kann und was man besser vermeiden sollte.

Aus dem Inhalt:
Die Soziodynamik von Anfangssituationen; Die Angst des Dozenten vor und in Anfangssituationen; Redner und Schweiger; Beispiele von Anfangssituationen.

Karlheinz A. Geißler
Schlußsituationen
Die Suche nach dem guten Ende.
156 Seiten. Broschiert.
ISBN 3-407-36304-4

Eine Gruppe trennt sich, die Teilnehmer nehmen Abschied und für die gelernten Inhalte müssen Übergänge geschaffen werden. Dieses Buch gibt konkrete Hinweise zur Gestaltung von Übergängen und Schlußsituationen in Kursen und Seminaren. Es wird aber kein Rezept vorgelegt, vielmehr soll angeregt werden, darüber nachzudenken, was man macht, wenn man zum Schluß kommt.

»Die Lektüre dieses Buches macht Spaß (...) Das Buch kann jedem empfohlen werden, der Bildungsveranstaltungen durchführen und zu einem guten Ende bringen will.«
Günter Pätzold, Die berufsbildende Schule

Aus dem Inhalt:
Die Auflösung der Zusammenarbeit; Rituale der Trennung; Prüfungen: Das Macht-volle Ende; Das Finale verlangt nach Gestaltung; Auswertung in Schlußsituationen; Transfer: Übergänge gestalten.

Jörg Knoll
Kleingruppenmethoden
Effektive Gruppenarbeit in Kursen, Seminaren, Trainings und Tagungen.
144 Seiten. Broschiert.
ISBN 3-407-36309-5

Gruppenarbeit ist ein höchst wirksames Instrument, um den Lernerfolg in Kursen und Seminaren, Trainings und Tagungen zu erhöhen. Damit Gruppenarbeit dies bringen kann, bedarf es präziser Planung und sorgfältiger Gestaltung. Dieses Buch hilft, die Vorbereitung optimal durchzuführen. Die praktische Umsetzung wird durch viele Anwendungsbeispiele zusätzlich erleichtert.

»Das Buch ist sehr benutzerfreundlich aufgebaut, bietet viele Beispiele und optische Auflockerungen (...) und verdient meines Erachtens das Prädikat ›besonders praxisorientiert‹.«
Werner Lenz, Erwachsenenbildung in Österreich

Aus dem Inhalt:
Einsatzbereiche von Gruppenarbeit (Eröffnung, Vertiefung, Abschluß von Arbeitsphasen); Entwicklung und Formulierung von Arbeitsaufträgen; Varianten und Techniken; Übergänge von Gruppenarbeit zum Plenum

---

Beltz Verlag · Postfach 100154 · 69441 Weinheim

B0292

W BELTZ WEITERBILDUNG

Bernd Weidenmann
Erfolgreiche Kurse und Seminare
Professionelles Lernen mit Erwachsenen.
224 Seiten. Pappband.
ISBN 3-407-36346

Erwachsene Lerner sind anspruchsvoll. Sie wünschen sich lebendige, effektive, praxisnahe Kurse und Seminare. So werden Kurs- und Seminarleiter in der Erwachsenenbildung heute mehr denn je gefordert.
Der renommierte Lernpsychologe und erfahrene Trainer Bernd Weidenmann stellt vor, worauf es ankommt.

»Ein Buch, das auf dem Schreibtisch eines jeden Trainers und Seminarleiters seinen festen Platz haben sollte.«
Dr. M. Madel, Seminarführer

»Ein Buch, das schnörkellos und ohne falsche Eitelkeit erklärt, was des Trainers täglich Brot ist.«
wirtschaft & weiterbildung

Aus dem Inhalt:
Die Lernarbeit: Situationen und Personen; Die wichtigsten Methoden; Die wichtigsten Medien; Den Prozeß gestalten: Symbole, Spiele, Krisen.

Jörg Knoll
Kurs- und Seminarmethoden
Ein Trainingsbuch zur Gestaltung von Kursen und Seminaren, Arbeits- und Gesprächskreisen.
227 Seiten. Broschiert.
ISBN 3-407-36336-2

Dieses Methoden-Handbuch ist als Einladung für alle diejenigen gedacht, die bereit sind, »methodische Phantasie« zu entwickeln. Darunter versteht Jörg Knoll die Fähigkeit, Methoden stimmig auszuwählen und einzusetzen, sie zu verändern und selbst welche zu erfinden.
Einzelne Methoden werden konkret vorgestellt. Spezielle Hinweise für Kursleiterinnen und Kursleiter erleichtern die Vorbereitungsarbeit. Das alphabetische Methoden-Verzeichnis erlaubt eine schnelle Orientierung.

»Ein vergleichbar solide gemachtes, praxisnahes und ansprechendes Methodenbuch ist mir nicht bekannt.«
Hans-Joachim Petsch

Aus dem Inhalt:
Methoden in der Anwendung; Einflüsse bei der Auswahl und Durchführung von Methoden; Einzelne Methoden (Sandwich-Methode, Motorinspektion, Fallarbeit, Phantasiereise u.v.m.).

Ulrich Lipp / Hermann Will
Das große Workshop-Buch
Konzeption, Inszenierung und Moderation von Klausuren, Besprechungen und Seminaren.
299 Seiten. 170 Abb. Pappband.
ISBN 3-407-36321-4

»Wenn jemals das gern zitierte Schlagwort ›Aus der Praxis für die Praxis‹ zutraf, dann bei diesem Buch (...). Auf knapp 300 Seiten haben die Autoren alles Wissenswerte zum Thema ›Workshop‹ zusammengetragen. Und es bleibt zu hoffen, daß Moderatoren, Trainer und Dozenten dieses Buch zu ihrer Pflichtlektüre machen«
Dr. M. Madel, Seminarführer

»Fazit: Ein Buch für den Praktiker! Leseleicht, sehr gut gegliedert und illustriert. Mit zahlreichen Tips und Tricks für den erfolgreichen Ablauf eines Workshops.«
TRAINING aktuell

Aus dem Inhalt:
Workshop-»Philosophie«; Ablaufpläne von Workshops; Diskussionsformen in Workshops; Kartenabfrage, Zuruflisten, Blitzlicht, Mind-Mapping; Bewerten und Entscheiden; Arbeit in Kleingruppen; Visualisieren und Dokumentieren; Umsetzung anschieben; Krisenmanagement; Workshop-Exoten.

Friedemann Schulz von Thun
Praxisberatung in Gruppen
Erlebnisaktivierende Methoden mit 20 Fallbeispielen zum Selbsttraining für Trainerinnen und Trainer, Supervisoren und Coachs.
216 Seiten. Broschiert.
ISBN 3-407-36325-7

Trainingskurse bleiben oft folgenlos, wenn ein Verhalten eingeübt wird, das unter Schulungsgesichtspunkten günstig erscheint, aber der jeweiligen Person nicht entspricht. Diesem Problem kann aussichtsreich begegnet werden, wenn im Seminar jeder mit seinem persönlichen Anliegen zum Zuge kommt. Aber wie?
Dieses Buch gibt eine grundlegende Einführung in die erlebnisaktivierende Praxisberatung. Anhand von zwanzig Fallbeispielen werden die gewählten Vorgehensweisen ausführlich erläutert.

»Fazit: Eine überzeugend vermittelte Beratung für Trainer, die ihre Kommunikationsseminare erfolgreicher und vor allem abwechslungsreicher gestalten wollen.«
TRAINING aktuell

Aus dem Inhalt:
Kontexte erlebnisaktiverender Praxisberatung; Die Bearbeitung der Anliegen; Fallbeispiele zum Selbsttraining.

Beltz Verlag · Postfach 100154 · 69441 Weinheim

B0293

W BELTZ WEITERBILDUNG

Karlheinz A. Geißler
Lernprozesse steuern
Übergänge: Zwischen Willkommen
und Abschied.
215 Seiten. Broschiert.
ISBN 3-407-36320-6

Wie kann man gut und erfolgreich
den Lernalltag steuern? Diese
Frage stellen sich in zunehmendem
Maße Trainerinnen, Dozenten,
Referentinnen und Seminarleiter,
denn das Führen von Arbeits- und
Lerngruppen ist komplexer geworden. Die Akzeptanz von Führung
muß heute durch anspruchsvolle
Gestaltungs- und Steuerungsarbeit
erreicht werden.
Dieses Buch zeigt, wie man diesen
Ansprüchen gerecht werden kann.
Mit zahlreichen Beispielen aus der
Praxis werden Methoden, Verfahren und Empfehlungen angeboten,
die helfen, sich in der Komplexität
der sozialen Prozesse des Lehrens
und Lernens zurechtzufinden.
Dies gilt insbesondere für die Übergänge, die zwischen dem Anfangen
und dem Aufhören liegen.

Aus dem Inhalt:
Lehr-/Lernprozesse steuern und
gestalten; Schwierige Situationen;
Übergänge; Die Gruppe und ihre
Dynamik.

Gudrun F. Wallenwein
Spiele: der Punkt auf dem i
Kreative Übungen zum Lernen
mit Spaß.
252 Seiten. Zahlr. Abb. Pappband.
ISBN 3-407-36341-9

Die Konzentration der Seminargruppe läßt nach, die Aufmerksamkeit sinkt ins Bodenlose und nichts
wird mehr aufgenommen. Kennen
Sie das? Möchten Sie das in Ihren
Seminaren vermeiden?
Gudrun F. Wallenwein hat Spiele
und Übungen für Trainings und
Seminare gesammelt und den unterschiedlichen Einsatzmöglichkeiten
zugeordnet.

»Eine einmalige, phantastische
Sammlung in Seminaren erprobter
Spiele und Übungen, die in den
unterschiedlichsten Situationen
eingesetzt werden können (...)
Fazit: Diese Sammlung sollte in
keiner Trainerbibliothek fehlen ...«
villa bossaNova, skill media

Aus dem Inhalt:
Der Seminarbeginn; Spiele in und
nach der Pause; Das Seminarende;
Konzentrationsspiele; Kreativspiele;
Entspannung; Am Ende eines
Seminartages; Das Seminarende.

Winfried Münch
**Individuum und Gruppe
in der Weiterbildung**
Psychologische Grundlagen
für die Praxis in Seminaren, Kursen
und Trainings.
203 Seiten. Broschiert.
ISBN 3-407-36315-X

»Auf der Grundlage der Psychoanalyse untersucht Winfried Münch
die subjektive Seite des menschlichen Verhaltens in Gruppen. Er
zeigt die Suche des einzelnen nach
persönlicher Anerkennung und
Befriedigung in sozialen Gruppen-
beziehungen. Die dafür typischen
Strategien menschlicher Vorgehensweisen werden von ihm anhand
von Beispielen aus der Mythologie,
der Märchenwelt und der Literatur
erläutert und analysiert. Den Lesern
wird dabei nahegebracht, sich erst
mit dem menschlichen Verhalten
selbst, den Ursachen von Konflikten
sowie den dazugehörigen Ver-
meidungs- und Lösungsstrategien
auseinanderzusetzen.«
TRAINING aktuell

Aus dem Inhalt:
Auf dem Weg zur Selbstreflexion;
Von Wünschen und Leidenschaf-
ten; Notabwehr und Methoden der
Leidverhütung; Vom Individuum
zur Gruppe; Leitungsverhalten in
Gruppen; Bedrohte Gruppenrollen.

Regula Schräder-Naef
Rationeller Lernen lernen
Ratschläge und Übungen für alle
Wißbegierigen.
249 Seiten. Broschiert.
ISBN 3-407-36316-8

Die Veränderungen der Arbeitswelt
zwingen Erwachsene in allen Berufen zur ständigen Weiterbildung.
Damit wird die Fähigkeit zum selbst-
ständigen Lernen zu einer wichtigen Schlüsselqualifikation, die
eigentlich schon Kinder und Jugend-
liche beherrschen sollten.
Dieses Buch führt in die Theorie
und Praxis der geistigen Arbeit ein,
gibt praktische Hinweise für das
schnellere und konzentrierte Lesen,
das Zuhören und Mitschreiben in
Weiterbildungsveranstaltungen, in
der Universität und Schule oder bei
Vorträgen, das Vorbereiten von
größeren Arbeiten und Prüfungen,
und regt zur sinnvollen Planung
und Einteilung der Zeit an. Es wendet sich an Studierende, Erwachsene in der Aus- und Weiterbildung
sowie an alle Berufstätigen, die
neues Wissen aufnehmen, verarbeiten und weitergeben müssen und
dabei rationell vorgehen wollen.

Aus dem Inhalt:
Grundlagen für die Lernarbeit;
Innere Voraussetzungen; Äußere
Bedingungen; Aufnehmen und
Weitergeben von Wissen.

Beltz Verlag · Postfach 100154 · 69441 Weinheim

B0294

W BELTZ WEITERBILDUNG

Martin Hartmann / Michael Rieger /
Brigitte Pajonk
Zielgerichtet moderieren
Ein Handbuch für Führungskräfte,
Berater und Trainer.
156 Seiten. Zahlr. Abb. Pappband.
ISBN 3-407-36334-6

In vielen Unternehmen und Organisationen spricht es sich herum:
gut moderierte Gruppen sind einfach effizienter. Die Zusammenarbeit verläuft zufriedenstellender,
die Ergebnisse erfüllen höchste
Ansprüche und werden von allen
Gruppenmitgliedern getragen.
Und die Chance, dass derartige
Ergebnisse in der Praxis auch wirklich zur Anwendung gelangen,
steigt enorm.

»Dieses Buch ist ein idealer Leit-
faden für Moderationen.«
conferencing

»Fazit: Ein überzeugendes Buch,
das Schritt für Schritt den Weg in
moderierte Besprechungen zeigt.«
TRAINING aktuell

Aus dem Inhalt:
Was bedeutet Moderation? Die
Stärken der Methode; Wie wird
eine zielgerichtete Moderation
vorbereitet? Wie sieht der Ablauf
einer moderierten Sitzung aus?
Umfangreiche Checklisten für die
Praxis.

Martin Hartmann / Rüdiger Funk /
Horst Nietmann
Präsentieren
Präsentationen: zielgerichtet und
adressatenorientiert.
151 Seiten. Pappband.
ISBN 3-407-36342-7

Von der Art und Weise einer Präsentation hängt entscheidend ab, ob
man überzeugt und verständlich
informiert. Die Autoren dieses
Buches geben praktische Hilfestellung für die Durchführung guter
Präsentationen. Schrittweise erhält
der Leser einen Einblick in die verschiedenen Planungs- und Arbeitsphasen der Vorbereitung und Durchführung von Präsentationen.

»Wer eine ›Dramaturgie der Prä-
sentation‹ sucht, wird hier fündig!
In der Verschränkung von Ziel,
Inhalt und Methode ist dieses Buch
Spitzenklasse, immer wieder mit
Gewinn zu Rate zu ziehen.«
Wolfgang Beywl, CONTRASTE

»Man merkt dem Buch deutlich
den Praxisbezug an.«
Süddeutsche Zeitung

Aus dem Inhalt:
Vorbereitung der Präsentation;
Aufbau und Durchführung der Prä-
sentation; Fragen und Diskussion;
Medien: Vom PC bis zum Flipchart;
Lampenfieber; Checkliste.

Edith Stork
Logistik im Büro
Unordnung kostet Geld.
117 Seiten. Zahlr. Abb. Pappband.
ISBN 3-407-36333-8

Wie häufig suchen Sie eigentlich
nach wichtigen Unterlagen?
Wie oft vergeuden Sie Ihre Zeit
mit Aufräumen, Umräumen, Neu-
ordnen, Suchen und Sortieren?
Wollen Sie dies ändern? Dann sollten Sie keine Zeit mehr verlieren,
System in Ihr Büro zu bringen.
Edith Stork zeigt in diesem Buch,
wie Sie perfekte Ordnung in Ihr
Chaos bringen. Das Ablagesystem
wird so optimiert, dass keine Zeit
mehr verloren wird mit unnötigem
Suchen nach wichtigen Schrift-
stücken. Akten, Hängemappen
und Ordner werden einheitlich be-
schriftet. Auch andere Mitarbeiter
finden sofort gesuchte Dokumente.
Denn bei allen herrscht die gleiche
Ordnung.
Das andere Chaos, das kreative,
das produktive, bleibt Ihnen dort
erhalten, wo Sie es für Ihre Interessen und Ihre Visionen brauchen.
Und dafür haben Sie dann mehr
Zeit.

Aus dem Inhalt:
Teamfähigkeit der Ablage; Kosten-
minimierung; Verantwortung für
Büroräume; Zeit erwirtschaften.

Wolfgang Hovestädt
Sich selbst organisieren
Weg vom Zeitdruck: Wie man sich
die Arbeit erleichtern kann.
128 Seiten. Zahlr. Abb. Pappband.
ISBN 3-407-36331-1

Wie kommt es, dass manche Leute
in den 168 Stunden einer Woche
so viel schaffen? Warum erscheinen
andere dagegen stets gestresst und
abgehetzt?
Dauerstress, Arbeitsüberlastung,
Hektik und überladene Schreib-
tische sind Symptome, die Zeit und
Energie fressen. Sie kosten Nerven,
belasten das Arbeitsklima und die
Ergebnisse. Was fehlt, sind Techniken, mit denen man die eigene
Zeit und die Aufgaben besser in den
Griff bekommt. Denn eines hat man
nirgends gelernt: *Wie plant und
organisiert man seine Arbeit?*
Mit diesem Buch können Sie Ihren
persönlichen Leistungshemmnissen
auf die Spur kommen. Anhand
praktischer Beispiele hilft es Ihnen,
die Möglichkeiten zur Verbesserung
der eigenen Arbeitsorganisation zu
erkennen und anzuwenden.

Aus dem Inhalt:
Ziele setzen und einhalten; Arbeitsabläufe verbessern; Grundregeln
und Techniken zur Zeitplanung.

Beltz Verlag · Postfach 100154 · 69441 Weinheim

B0295

W BELTZ WEITERBILDUNG

Michael Reddy
Mitarbeiter beraten
Kollegiale Hilfe zur Selbsthilfe.
197 Seiten. 20 Abb. Pappband.
ISBN 3-407-36328-1

Der Mensch ist der wichtigste Aktivposten eines Unternehmens. Erfolg und Misserfolg hängen davon ab, ob ein effektives und relativ zufriedenstellendes Arbeiten möglich ist. Unter diesen Gesichtspunkten kann Beratung als ein besonders kostengünstiges Mittel zur Verbesserung der Arbeitsleistung angesehen werden. Doch eine gute Beratung will gelernt sein.
Michael Reddy versteht darunter in erster Linie die Hilfe zur Selbsthilfe. Die Betroffenen sollen in die Lage versetzt werden, selbst die Lösung ihres Problems herbeizuführen. Er beschreibt ausführlich die drei wichtigsten Phasen des Beratungsprozesses mit den dazugehörigen Fähigkeiten, Techniken und Einstellungen, die ein guter Berater haben sollte. Zahlreiche Beispiele aus der Praxis verdeutlichen die Ausführungen.

Aus dem Inhalt:
Was ist Beratung und wie wirkt sie? Die drei Phasen der Beratung; Die Beratungstechniken; Eigenschaften eines Beraters; Karriereberatung; Beratung und das Unternehmen.

Theo Gehm
Kommunikation im Beruf
Hintergründe, Hilfen, Strategien.
269 Seiten. Zahlr. Abb. Pappband.
ISBN 3-407-36329-X

»Theo Gehms Publikation ist gleichzeitig Ratgeber und Lehrbuch. (...) Der Band ist klar strukturiert und in kurze, auch einzeln konsultierbare Abschnitte unterteilt, die zusätzlich vertiefende Übungen anbieten. Das stark auf die Praxis ausgerichtete Buch kann allen Berufsleuten helfen, ihr kommunikatives Verhalten zu verbessern und ihre Gespräche bewußter zu führen.«
Der kleine Bund

»Theo Gehm versteht es, psychologische Theorien einfach und spannend darzustellen. Der Leser erhält auf diese Weise viel Hintergrundwissen und eine Reihe praktischer Anleitungen zur Gestaltung seiner eigenen Kommunikation im Beruf.«
Personalwirtschaft

Aus dem Inhalt:
Dissonanz und ihre Folgen; Zielorientierte Gesprächsvorbereitung; Kommunikationstechniken; Frageformen und ihr gezielter Einsatz; Öffnende Gesprächsführung und aktives Zuhören.

Bodo G. Toelstede
Das Verhandlungskonzept
Hart in der Sache menschlich im Dialog.
276 Seiten. 36 Abb. Pappband.
ISBN 3-407-36330-3

Neben den klassischen Kommunikationsfertigkeiten geht es in diesem Buch vor allem um eine persönliche Strategie und den Einsatz der richtigen Verhandlungsmethode. Es geht um das Fair-Handeln beim Verhandeln.
Bodo G. Toelstede hat ein Verhandlungskonzept entwickelt, kurz »K.E.R.Z.E.« genannt, das als Wegweiser dient, um in Zukunft klüger und geschickter verhandeln zu können. Es ist verblüffend leicht anzuwenden und bringt mit Sicherheit Erfolg.

»Ein klassisches Buch ›aus der Praxis für die Praxis‹. Alle Beispiele liegen auf der realen Verhandlungsebene; zu jedem ›schlechten‹ Beispiel gibt es ›gute‹ Beispiele.«
Windmühle

Aus dem Inhalt:
K.E.R.Z.E. das Erfolgskonzept für Verhandlungen; Schwierige Verhandlungssituationen und -partner.

Friedrich Graf-Götz / Hans Glatz
Organisation gestalten
Neue Wege und Konzepte für Organisationsentwicklung und Selbstmanagement.
273 Seiten. Zahlr. Abb. Pappband.
ISBN 3-407-36337-0

Organisationen stehen vor der Herausforderung, sich in einer dynamischen Umwelt behaupten zu müssen. Nachdem das traditionelle, hierarchisch und funktional gegliederte Organisationsmodell zunehmend versagt, wird immer mehr auf einen neuen, Ansatz gesetzt: *die Selbstorganisation*. Die Sicherheit gewohnter Strukturen wird dabei verlassen und jeder Mitarbeiter muss sich in seinem eigenen Aufgabenbereich bewusst mit Fragen zweckmäßiger Organisationsgestaltung auseinandersetzen. In diesem Buch werden knapp und verständlich verschiedene Wege und Konzepte für die Gestaltung von Geschäftsprozessen in Organisationen vorgestellt. Mit Hilfe von Übungen und Checklisten kann der Leser seine eigene Organisationsrealität aus den verschiedensten Perspektiven überprüfen.

Aus dem Inhalt:
Veränderungen in Organisationen herbeiführen und gestalten; Organisationsgestaltung und Selbstmanagement.

Beltz Verlag · Postfach 100154 · 69441 Weinheim

B0296